AF275048

Disfrute gratuitamente **DURANTE UN AÑO** de los eBook y audiolibros de las obras de Editorial Colex*

⊗ Acceda a la página web de la editorial **www.colex.es**

⊗ Identifíquese con su usuario y contraseña. En caso de no disponer de una cuenta regístrese.

⊗ Acceda en el menú de usuario a la pestaña «Mis códigos» e introduzca el que aparece a continuación:

RASCAR PARA VISUALIZAR EL CÓDIGO

Principios clave de Derecho del trabajo

⊗ Una vez se valide el código, aparecerá una ventana de confirmación y su eBook y audiolibro estará disponible **durante 1 año desde su activación** en la pestaña «Mis libros» en el menú de usuario.

---

* Los audiolibros están disponibles en las ediciones más recientes de nuestras obras. Se excluyen expresamente las colecciones «Códigos comentados», «Biblioteca digital» y los productos de www.vademecumlegal.es.

No se admitirá la devolución si el código promocional ha sido manipulado y/o utilizado.

¡Gracias por confiar en nosotros!

La obra que acaba de adquirir incluye de forma gratuita la versión electrónica.

Acceda a nuestra página web para aprovechar todas las funcionalidades de las que dispone en nuestro lector.

Funcionalidades eBook

Acceso desde cualquier dispositivo con conexión a internet

Idéntica visualización a la edición de papel

Navegación intuitiva

Tamaño del texto adaptable

Síguenos en: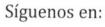

PRINCIPIOS CLAVE DE DERECHO DEL TRABAJO

PRINCIPIOS CLAVE DE DERECHO DEL TRABAJO

Isabel M.ª Pérez Gázquez

COLEX 2024

SUMARIO

TEMA 3
EL CONTRATO DE TRABAJO

TEMA 4
MODALIDADES CONTRACTUALES

TEMA 5
ESTATUTO JURÍDICO DE TRABAJADOR Y EMPRESARIO

TEMA 6
LA JORNADA DE TRABAJO

TEMA 7
EL SALARIO

TEMA 1

IDENTIDAD DEL DERECHO DEL TRABAJO

1. Orígenes del Derecho del Trabajo

El proceso histórico de la sujeción del trabajo al derecho responde a una exigencia de dignificación de las condiciones de vida y trabajo de una capa mayoritaria de la población (trabajadores asalariados) en los primeros momentos de la Revolución Industrial.

Los inicios de la Revolución Industrial se sitúan en Inglaterra hacia el año 1760, y vienen acompañados y facilitados por muy diversas circunstancias, fundamentalmente de carácter tecnológico, demográfico y económico, como son el aumento de la población, el crecimiento del capital y del ahorro, la movilidad y concentración de capitales, la introducción de las máquinas en la producción industrial, la división y movilidad del trabajo.

La nueva organización técnica del trabajo basada en la concentración de los trabajadores en fábricas y la creciente división y especialización del trabajo, da lugar a la generalización de un nuevo tipo de trabajador, el proletario.

Las notas que caracterizan la relación laboral de dicha época, y que a su vez constituyeron el origen del Derecho del Trabajo:

– Libertad teórica del trabajador y sus limitaciones reales. La libertad jurídica del trabajador se veía limitada en la práctica por el estado de necesidad del obrero, que le obligaba a aceptar las condiciones contractuales fijadas por el empresario, ya que la alternativa era el paro y la miseria. La situación real de los trabajadores durante los años de la Revolución Industrial era muy dura, con jornadas de trabajo muy largas e inhumanas, unas condiciones de salubridad e higiene deplorables, la utilización abusiva de la mano de obra infantil y femenina, salarios miserables, etc.

– Prolongación de las jornadas de trabajo. Las jornadas se incrementaban hasta límites inhumanos, jornadas de hasta 14-16 horas a las que estaban sometidos incluso los niños.

– Las condiciones de Seguridad e Higiene. El trabajo se desenvuelve, por regla general, en pésimas condiciones de seguridad, higiene y salubridad. A los importantes riesgos que había introducido la mecanización del trabajo se unía la falta de medidas de prevención y previsión social.

– Trabajo de mujeres y menores. El trabajo infantil llega a alcanzar un volumen muy alto, debido a la falta de mano de obra adulta y al deseo de los empresarios de reducir costes de producción. Esto llevaba a situaciones verdaderamente escalofriantes, como el hecho de que numerosos niños trabajadores morían entre los siete y diez años, después de trabajar jornadas de dieciséis y hasta diecisiete horas, mal alimentados y en condiciones lamentables de higiene y de salubridad. Parecida descripción es la que se puede realizar respecto del trabajo femenino, que se desarrollaba en unas condiciones que llevaron en ocasiones a protestas, levantamientos y huelgas.

– Régimen salarial y sus abusos. La escasez de los salarios provocaba que el trabajador viviese casi permanentemente a crédito, a veces frente al propio empresario. Por ello, en ocasiones, para saldar la deuda, los trabajadores tenían que trabajar con cargo a los anticipos, llegando a una situación de auténtica servidumbre. Esto hacía que el trabajador permaneciese en un estado permanente de endeudamiento frente al empresario, que lo sumía en un estado de sumisión o de servidumbre casi vitalicia.

Poco a poco los trabajadores fueron tomando conciencia de la gran fuerza que les podía proporcionar su unión y agrupación para hacer valer sus reivindicaciones y defender sus intereses. Surge entonces la conciencia de clase obrera y el movimiento obrero, que ha tenido una importancia capital en la aparición del moderno Derecho del Trabajo.

Así, los poderes públicos reciben una gran presión por parte de organizaciones proletarias partidarias de la acción directa, de la solución radical y hasta violenta de la cuestión social y de sus reivindicaciones.

El Derecho del Trabajo, por tanto, se origina desde una concepción proteccionista del trabajador frente a los excesos patronales, con el fin de amparar los derechos del eslabón más débil de la cadena productiva. Se configura, por tanto, como una rama del derecho que no parte, como el derecho privado clásico, de una situación teórica de igualdad entre las partes, sino que, bien al contrario, pretende corregir, al menos de una forma parcial, las desigualdades existentes

Las especialidades del contexto en que surge dicha rama del derecho hacen que su configuración tenga un gran número de diferencias y singularidades con respecto a otras ramas del derecho. Se trata de otra forma de contemplar el fenómeno jurídico, una perspectiva original y diferente respecto del resto del ordenamiento jurídico, que le confieren características propias: sistema de fuentes, principios, derecho de mínimos, etc.

La tutela desplegada por los poderes públicos permitió resolver, al menos en sus orígenes, el desequilibrio estructural que se producía entre los actores de la relación jurídica, protegiendo a la parte más débil.

De esta forma, el Estado interviene:

– Directamente: fijando condiciones de trabajo y regulando derechos y obligaciones de trabajadores y empresarios: leyes de trabajo de menores, mujeres, limitación de jornada, garantía del salario.

– Indirectamente: reconociendo la licitud de las relaciones colectivas de trabajo. Sindicatos y patronales, dentro del marco fijado por las normas del Estado, pueden alcanzar acuerdos (convenios colectivos) en los que se regulen las relaciones de trabajo en una empresa o en un sector determinado. Licitud de la huelga como medida de presión.

Sin embargo, no sólo el Derecho impuesto por el Estado o el acuerdo contractual resolvían todas y cada una de las alternativas que surgían del trabajo dependiente; también comenzaron a intervenir las fuerzas sociales, de ahí que el Derecho laboral no puede ser sólo estatal; también tiene su fundamento en acuerdos de autonomía colectiva, en la representación sindical, y en el protagonismo de sujetos colectivos y actores sociales.

El derecho del trabajo, en consecuencia, establece cauces para la participación de los trabajadores como grupo en la defensa de sus intereses y sus condiciones laborales. Por tanto, se extenderá también al reconocimiento de ciertos derechos colectivos.

De este modo, el Derecho del Trabajo se constituye como una rama jurídica «nueva» (algo más de dos siglos de existencia), con autonomía, basada en principios propios y con instituciones singulares, cuya norma de referencia es el Real Decreto Legislativo 2/2015, de 23 de octubre, por el que se aprueba el texto refundido de la Ley del Estatuto de los Trabajadores —ET—.

2. Ámbito de aplicación del Estatuto de los Trabajadores

El Derecho del Trabajo está constituido por una pluralidad de leyes y normas de diverso rango, muchas de las cuales fijan su propio ámbito de aplicación, definiendo a su vez, las características de la relación laboral.

Así, el primer paso para determinar el ámbito de aplicación del Estatuto de los Trabajadores es acudir a su propio articulado y a los requisitos de laboralidad que en tal sentido establece su propio artículo 1. Es decir, no todas las actividades profesionales están reguladas por este texto. Tan sólo aquellas que se ejecuten en los términos de estos requisitos.

2.1. Requisitos de laboralidad

Según el artículo 1.1 del Estatuto de los Trabajadores, su contenido se aplica a los «trabajadores que voluntariamente presten sus servicios retribuidos por cuenta ajena y dentro del ámbito de organización y dirección de otra persona, física o jurídica, denominada empleador o empresario».

El ordenamiento laboral selecciona, por tanto, de entre todas las personas que realizan una actividad profesional esfuerzo productivo, de entre todos aquellos que «trabajan», a quienes lo hacen a favor de otro cuando la prestación reúna los siguientes requisitos:

Personal

El trabajo que regula el derecho del trabajo es, de entrada, el trabajo a cuya realización se comprometen, de forma personal, seres humanos, personas físicas y naturales, sin incluirse en su ámbito de aplicación las personas jurídicas. La condición personal del trabajador es absolutamente esencial para que exista un contrato de trabajo, regulado por el derecho laboral.

Voluntario

Como no podía ser de otra forma en un sistema social y jurídico donde están proscritas la esclavitud y la servidumbre (art. 17, 25 y 35 CE) el trabajo objeto del derecho laboral ha de ser prestado voluntariamente. El trabajador es quien decide si trabaja o no, en qué actividad y para qué empresa y empresario, ningún otro sujeto es titular de un poder jurídico para forzarle a trabajar (como ocurría en otras épocas históricas donde la esclavitud o la servidumbre estaban instauradas).

El trabajo, por tanto, ha de ser prestado de forma libre y voluntaria, fruto de un acuerdo entre quien cede su actividad y quien la recibe, manifestado a través del contrato de trabajo, mediante el cual se instrumenta el intercambio libre y voluntario entre trabajo y salario.

El atributo propio de un trabajo libre obliga a rechazar figuras tales como el trabajo vitalicio, el pacto de autoventa de la propia libertad, los pactos de vínculos perpetuos de servidumbre, o la reducción voluntaria a la condición de esclavo o siervo.

Ajenidad

Con carácter general, trabajar por cuenta ajena significa atribuir a un tercero los beneficios del trabajo. Así, el trabajador permanece como un extraño o «ajeno» a los beneficios derivados de su propio trabajo quedando su posición limitada a la de puro acreedor de salario. Lo contrario de trabajo por cuenta ajena es el trabajo por cuenta propia (donde el trabajador es dueño de los frutos de su trabajo).

En el trabajo por cuenta ajena, los bienes o servicios producidos no reportan al trabajador un beneficio económico directo. El beneficio corresponde al empresario que, en contrapartida, compensa al trabajador con una parte de esa utilidad, el salario.

Además, el empresario asume también todos los riesgos inherentes a la actividad productiva.

Son indicios de ajenidad:

- Los útiles, materiales y medios de trabajo son aportados por el empresario y no por el trabajador.
- El empresario asume los gastos originados por el trabajo.
- La clientela es del empresario y no del trabajador.
- La retribución del trabajador es fija y periódica, no depende de los beneficios de la empresa.

Dependencia

Hace referencia a que la actividad realizada dentro del ámbito de organización y dirección del empresario. El empresario es el que ordena cuándo, dónde y cómo ha de realizarse el trabajo.

Así, quien recibe los frutos del trabajo y lo remunera tiene derecho a dar órdenes sobre el trabajo objeto del contrato (lugar, tiempo y modo), en virtud del poder de dirección del empresario del que es titular y a sancionar los incumplimientos laborales del trabajador, merced al poder disciplinario. Por tanto, dependencia como sometimiento al poder de dirección del empresario, pero también sometimiento al poder disciplinario.

Lo contrario de trabajo dependiente es el trabajo autónomo, por cuenta propia (que queda fuera de la regulación laboral, según indica la Disposición Adicional Primera del ET: «el trabajo realizado por cuenta propia no está sometido a la legislación laboral —entendiendo por legislación laboral al ET—, excepto en aquellos aspectos que por precepto legal se disponga expresamente», por ejemplo, la normativa sobre prevención de riesgos laborales afecta a los trabajadores autónomos).

Son indicios de dependencia:

- Asistencia regular y continuada al lugar de trabajo.
- Cumplimiento de horario.
- Utilización de locales del empresario.
- Continuidad y asiduidad en el trabajo.

En definitiva, estas cuatro notas son las que deben concurrir para que una prestación de servicios sea considerada una prestación de carácter laboral. Por tanto, si falta alguna de ellas la prestación no existe relación de trabajo (por ejemplo, trabajos a título de amistad donde no existe remuneración, las prestaciones personales obligatorias como son las ejecuciones de las penas de trabajo en beneficio de la comunidad, y otros supuestos recogidos en el art. 1.3 ET).

Asimismo, el ET (art. 1.4) establece expresamente que estarán incluidos dentro del ámbito de aplicación de la legislación laboral española, el trabajo que presten los trabajadores españoles, contratados en España, por una empresa española en el extranjero. Sin perjuicio de las normas aplicables del lugar de trabajo y de la normativa comunitaria y/o internacional.

2.2. Supuestos excluidos de la relación laboral

Además de la valoración de los señalados requisitos de laboralidad, en el caso de que se cumplan, resulta necesario dar un paso más y tener en consideración la naturaleza de la actividad laboral de que se trate. Esto, debido a que existen determinados supuestos en los que, a pesar de cumplirse con tales requisitos, la aplicación del ET queda excluida.

Así, el art. 1.3 del Estatuto de los Trabajadores recoge una serie de supuestos excluidos de forma expresa. En concreto:

- La relación de servicio de los funcionarios públicos, que se regulará por el Estatuto de la Función Pública, así como la del personal al servicio del Estado, las Corporaciones locales y las Entidades Públicas Autónomas, cuando, al amparo de una Ley, dicha relación se regule por normas administrativas o estatutarias.

- Las prestaciones personales obligatorias.

- La actividad que se limite, pura y simplemente, al mero desempeño del cargo de consejero o miembro de los órganos de administración en las empresas que revistan la forma jurídica de sociedad y siempre que su actividad en la empresa sólo comporte la realización de cometidos inherentes a tal cargo.
- Los trabajos realizados a título de amistad, benevolencia o buena vecindad.
- Los trabajos familiares, salvo que se demuestre la condición de asalariados de quienes los llevan a cabo. Se considerarán familiares, a estos efectos, siempre que convivan con el empresario, el cónyuge, los descendientes, ascendientes y demás parientes por consanguinidad o afinidad, hasta el segundo grado inclusive y, en su caso, por adopción.
- La actividad de las personas que intervengan en operaciones mercantiles por cuenta de uno o más empresarios, siempre que queden personalmente obligados a responder del buen fin de la operación asumiendo el riesgo y ventura de la misma.
- La actividad de las personas prestadoras del servicio de transporte al amparo de autorizaciones administrativas de las que sean titulares, realizada, mediante el correspondiente precio, con vehículos comerciales de servicio público cuya propiedad o poder directo de disposición ostenten, aun cuando dichos servicios se realicen de forma continuada para un mismo cargador o comercializador.

Podemos, a la vista de esta regulación, entender como trabajador aquel cuya relación de prestación de servicios cumpla los requisitos establecidos en el artículo 1.1 del Estatuto de los Trabajadores, siempre y cuando no haya sido objeto de exclusión expresa, así como quien realiza un esfuerzo productivo considerado laboral por decisión del legislador, aunque no presente todas las características requeridas.

En resumen, un cierto avance legislativo que va mejorando las condiciones laborales, aunque no de forma inmediata, dado el alto grado de incumplimiento existente.

2.3. Relaciones laborales de carácter especial

Junto a lo anterior, es preciso también tener en cuenta que existen ciertas actividades que, por su especial naturaleza o características, son incluidas en el ordenamiento jurídico laboral, pero con una regulación específica y leyes especiales.

En este sentido, el art. 2 ET establece que «Se consideran relaciones laborales de carácter especial»:

- Personal de alta dirección no incluido en el art. 1.3.
- Servicio doméstico.
- Penados en instituciones penitenciarias.
- Deportistas profesionales.
- Artistas en espectáculos públicos.
- Personas que intervengan en operaciones mercantiles por cuenta de uno o más empresarios, sin asumir el riesgo y ventura de la operación.
- Trabajadores con discapacidad que presten servicios en centros especiales de empleo.
- Menores sometidos a medidas de internamiento derivado de responsabilidad penal.
- Residencia para formación de especialista en Ciencias de la Salud.
- Abogados al servicio de despachos profesionales.
- Cualquiera que sea expresamente declarada como relación laboral especial por una ley.

2.4. Singularidad de trabajadores autónomos

Tradicionalmente ha existido una separación tajante entre asalariados y autónomos debido al principio de autonomía en cuanto a la organización y dirección de la actividad de la que goza el autónomo, que a su vez hace que no cumpla con algunos de los requisitos de laboralidad (ajenidad y dependencia) exigidos para ser incluidos dentro del ámbito del Derecho Laboral.

En este sentido, el principio de autonomía indicado supone que el autónomo puede defender sus propios intereses, por lo que no es necesaria una intervención del ordenamiento jurídico laboral para defender sus intereses. Así pues, la figura del Autónomo no se engloba en el ámbito de aplicación del Estatuto de los Trabajadores. Esta figura se encuentra regulada por la legislación civil, administrativa o mercantil. Asimismo, gozan de un Estatuto propio: Ley 20/2007 de 11 de julio, Estatuto del Trabajo Autónomo y legislación propia: Ley 6/2017, de 24 de octubre, de Reformas Urgentes del Trabajo Autónomo.

No obstante, hay excepciones que permiten la inclusión dentro de dicho ordenamiento. Así, se incluirán dentro del derecho laboral:

- En lo relativo a PRL, libertad sindical, formación profesional, ayudas al empleo... (supuestos tasados).

- Trabajadores autónomos económicamente dependientes, cuyos requisitos configuradores son:

  » Son titulares de su propia organización y dirección (no dependencia).

  » Prestan sus servicios de manera prevalente para un mismo cliente, del cual obtienen sus principales ingresos económicos (dependencia del cliente). Por ejemplo, un dentista o abogado que presta sus servicios en una misma clínica/despacho, del que no es titular.

  » Percibir del cliente principal al menos el 75 % de sus ingresos. (similitud al asalariado)

  » No tener empleados a su servicio (similitud empresario).

  » No contratar o subcontratar parte o toda la actividad con terceros.

» No ser titulares de establecimientos abiertos al público.

» Ausencia de régimen societario.

Tiene que existir, además, constancia expresa de un contrato firmado y registrado de condición de económicamente dependiente. (similitud al asalariado). Para ello es imprescindible que el trabajador comunique a la empresa su situación de dependencia económica para que el contrato se estipule en tal sentido. En caso de que el empresario se oponga, el trabajador podrá acudir a la jurisdicción social para que por medio de Sentencia declarativa se establezca la naturaleza de la relación contractual.

El contrato se extinguirá cuando se den algunas de las siguientes circunstancias:

- Mutuo acuerdo de las partes o cuando se den causas válidamente establecidas en el contrato.

- Muerte y jubilación o invalidez que sean incompatibles con la actividad profesional que se desarrolla.

- Por voluntad del TRADE fundada en incumplimiento contractual grave del cliente.

- Por voluntad del cliente con causa justificada o por desistimiento del TRADE, en cuyos casos debe existir preaviso o hacerse conforme a los usos y costumbres.

- Por decisión de la trabajadora autónoma económicamente cuando se vea obligada por ser víctima de violencia de género.

- Cualquier otra causa legalmente establecida.

TEMA 2

SISTEMA NORMATIVO DEL DERECHO DE TRABAJO

1. Las fuentes del Derecho del Trabajo

Cuando hablamos de fuentes del derecho nos referimos al origen de las normas jurídicas. Son por tanto, instrumentos mediante los cuales se establecen normas jurídicas. Así, son resultado de la actividad reguladora de determinados poderes sociales que se encuentran legitimados para ello y que, por ser origen de normas, se denominan poderes normativos.

En el ámbito del Derecho del Trabajo y Seguridad Social nos encontramos ante multiplicidad de fuentes. No existe un único poder normativo sino varios. En concreto, y por lo que se refiere al sistema normativo del Derecho del Trabajo, nos encontramos con tres órdenes de normas internas, procedentes de otros tantos poderes: el poder normativo del Estado (legislativo y reglamentario), el poder normativo de las partes sociales, del que nace el convenio colectivo, y el poder normativo de las colectividades laborales, del que emana una norma no escrita, la costumbre.

A estos poderes internos debemos sumar el poder normativo y ordenador de entes supranacionales, y el poder de los estados de suscribir tratados internacionales, sean bilaterales o multilaterales.

Y así, el Derecho del Trabajo y de la Seguridad Social se configura como un sistema de normas, es decir como un conjunto ordenado de normas de contenido social y laboral que regulan principalmente las relaciones de trabajo (tanto individuales como colectivas), las instituciones de aplicación de estas normas y el sistema de protección de la Seguridad Social. Este sistema de normas está integrado por dos tipos de reglas jurídicas:

– Normas genéricas: aquellas que el Derecho del Trabajo comparte con las restantes ramas del Derecho (Derecho Civil, Mercantil, Penal...), y que son la ley, el reglamento y la costumbre.

– Normas específicas: aquellas otras normas que son peculiares del orden jurídico laboral, a saber, los convenios colectivos.

Según otra catalogación, en Derecho del Trabajo encontramos:

– Normas internas: que emanan de los poderes normativos internos (estatales o extraestatales), como las leyes laborales (ET, LGSS, LPRL, etc.) o los convenios colectivos.

– Normas internacionales: producidas por poderes supranacionales o por acuerdo entre Estados (OIT, Unión Europea y Consejo de Europa), como son las Directivas y Reglamentos comunitarios con contenido sociolaboral.

Y desde otra perspectiva, también en esta disciplina se manejan:

– Normas generales: que se dirigen con carácter general a todos los sujetos incluidos en el ámbito del Derecho del Trabajo, independientemente de su localización profesional o geográfica (por ejemplo, el ET).

– Normas sectoriales: cuyos destinatarios son sólo determinados grupos de trabajadores y empresarios de un sector de actividad, una profesión o un territorio; es el caso de los convenios colectivos y la costumbre laboral.

El ordenamiento jurídico laboral presenta peculiaridades, que no hacen sino reafirmar la independencia del Derecho del Trabajo con respecto a otras ramas del Derecho.

La primera peculiaridad es sumamente importante, ya que en el ámbito laboral el principio de la autonomía de la voluntad, fielmente reflejado en el Derecho Civil, aquí viene sustituido por el principio de heteronomía estatal, es decir, intervención estatal, ya que el contrato de trabajo se encuentra fuertemente intervenido por el Estado.

Sin duda, ésta intervención se debe a la desigualdad de las partes en el contrato de trabajo (trabajador y empresario o empleador), por lo que el estado interviene para señalar el contenido típico del contrato de trabajo, dentro de cuyos límites se moverá el principio de autonomía de la libertad de las partes.

No podemos olvidar que el Contrato de Trabajo tiene dos funciones importantísimas, una es la Función Constitutiva de la Relación Laboral, es decir, establece el momento en el que comienza el trabajador a prestar sus servicios en la empresa, y otra una Función normativa, en tanto en cuanto establece los límites de la Relación Laboral, que vienen marcados por el Estado.

La segunda peculiaridad viene dada por el reconocimiento de la Autonomía Colectiva a las partes sociales, (empresarios e interlocutores de los trabajadores), de dónde emana el Convenio Colectivo, fuente ésta desconocida en el Derecho Civil, tal y como prevé el texto constitucional en su artículo 35, apartado uno, dónde reconoce el derecho de la autonomía de las partes, así como la fuerza vinculante de los convenios colectivos.

El derecho del trabajo cuenta, además, con principios propios, como veremos más adelante. Así, el principio pro-operario, el principio de aplicación de la norma más favorable, el principio de condición más beneficiosa y el principio de irrenunciabilidad de derechos.

Todos estos principios proceden del carácter tuitivo de la normativa laboral, es decir, protector del trabajador con respecto al empresario o empleador, dado de que no rige el principio de igualdad entre las partes como ya hemos visto al comienzo del primer tema, y sin su conocimiento no se entiende bien el sentido y la significación del derecho del trabajo.

El Real Decreto Legislativo 2/2015, de 23 de octubre, por el que se aprueba el texto refundido de la Ley del Estatuto de los Trabajadores establece, en su artículo 3.1, en relación con las fuentes del derecho laboral:

> «1. Los derechos y obligaciones concernientes a la relación laboral se regulan:
> Por las disposiciones legales y reglamentarias del Estado.
> Por los convenios colectivos.
> Por la voluntad de las partes, manifestada en el contrato de trabajo, siendo su objeto lícito y sin que en ningún caso puedan establecerse en perjuicio del trabajador condiciones menos favorables o contrarias a las disposiciones legales y convenios colectivos antes expresados.
> Por los usos y costumbres locales y profesionales».

Así pues, en la cúspide de lo que podríamos denominar Pirámide normativa, se encuentra el Derecho Social Europeo (reglamentos, normas y directrices), al mismo nivel, como veremos, de la Constitución Española.

Por debajo situamos los Tratados y Convenios Internacionales, teniendo que estar éstos Ratificados por el Estado y publicados en el Boletín Oficial del Estado.

En un tercer escalón se encuentran las Leyes Laborales o normas con rango de ley, que a su vez, pueden tener cuatro formas distintas, según su contenido y modo de aprobación:

– Las Leyes Orgánicas.

– Las Leyes Ordinarias.

– Decretos Legislativos.

– Decretos Leyes.

Por debajo de éstos se encuentran los Reglamentos, que serán Reales Decretos, que emanan del Gobierno, y Órdenes Ministeriales, que emanan del Ministerio de Trabajo. Normalmente, estás últimas desarrollan aspectos previstos en los Reales Decretos.

Por debajo de éstos se encuentran las normas específicas, encabezadas por los Convenios Colectivos que, como sabemos, son acuerdos de carácter vinculante que vienen dados por el principio de Autonomía Colectiva que se recoge en la Constitución.

Finalmente, nos encontramos con la costumbre laboral, los Principios Generales del Derecho y la jurisprudencia.

Por otro lado, las Normas de las Comunidades Autónomas, entes con capacidad de crear Leyes dentro de sus competencias, no se integran en el Sistema General de Fuentes de Derecho, ya que sus normas solo rigen en la Comunidad Autónoma en la que se dictan. Tienen, en su ámbito, igual rango que las emanadas del Estado.

1.1. Normativa internacional

El Derecho Internacional Público del Trabajo se ocupa de la regulación de las relaciones entre Estados en materia laboral y de Seguridad Social, encargándose así de regular las relaciones jurídicas de trabajo en las que interviene un elemento o factor extranjero.

En nuestro ordenamiento jurídico, la propia Constitución va a establecer una serie de reglas de reconocimiento e integración de las normas internacionales.

También hay que tener en cuenta lo establecido en el artículo 1.5 del Código Civil: «Las normas jurídicas contenidas en los tratados internacionales no serán de aplicación directa en España en tanto no hayan pasado a formar parte del ordenamiento interno mediante su publicación en el Boletín Oficial del Estado».

El derecho internacional carece de autosuficiencia, necesita el consentimiento de los Estados soberanos, tanto para su creación como para su aplicación. Tanto la obligatoriedad de los tratados suscritos en materia laboral como la efectividad de los acuerdos adoptados por órganos supranacionales (como, por ejemplo, la OIT), dependen del consentimiento del Estado.

Así, las normas emanadas de la comunidad internacional no van a ser directamente aplicables sino que van a necesitar de integración, con unos matices para el caso de las normas emanadas de la Unión Europea.

En términos generales, estos tratados, tanto puntuales como permanentes, se van a integrar en nuestro ordenamiento jurídico de acuerdo con lo establecido en los artículos 93 a 96 CE.

El artículo 93 CE dispone: «Mediante ley orgánica se podrá autorizar la celebración de tratados por los que se atribuya a una organización o institución internacional el ejercicio de competencias derivadas de la Constitución. Corresponde a las Cortes Generales o al Gobierno, según los casos, la garantía del cumplimiento de estos tratados y de las resoluciones emanadas de los organismos internacionales o supranacionales titulares de la cesión».

Artículo 96.1 CE «Los tratados internacionales válidamente celebrados, una vez publicados oficialmente en España, formarán parte del ordenamiento interno».

Respecto de las normas emanadas de la Unión Europea, existe una cesión de soberanía, una decisión de cesión de competencias normativas a la Unión Europea en determinadas materias. Estas normas serán ya vinculantes sin necesidad ya de ratificación posterior. El Estado ha decidido ya con carácter previo la cesión de su competencia normativa. Desde este momento de la cesión, se decide que determinadas disposiciones normativas supranacionales se conviertan en normativa interna.

1.1.1. Organización Internacional del Trabajo

Se considera como hito inicial en el proceso de internacionalización del Derecho del Trabajo el Tratado de Versalles, suscrito el 28 de junio de 1919, por el que se crea la Organización Internacional del Trabajo. (O.I.T.), formando parte en un primer momento de la Sociedad de Naciones y posteriormente de la ONU, tras la disolución de aquélla.

Es un organismo especializado de la O.N.U. dotado de plena capacidad jurídica y autonomía, de la que forman parte exclusivamente los estados. España forma parte desde su creación en 1919, al adherirse al Pacto de Versalles, y la abandona en 1941 (al abandonar la Sociedad de Naciones) para ser readmitida en 1956, permaneciendo ya en ella hasta el día de hoy.

La norma principal que rige su funcionamiento y que define los principios fundamentales de la OIT es la llamada «Declaración de Filadelfia de 1944». En ella se sintetiza la filosofía social de la O.I.T., estableciendo como principios fundamentales:

– El trabajo no es una mercancía.

– La libertad de expresión y de asociación es una condición indispensable para el progreso continuado.

– La pobreza constituye un peligro para la prosperidad de todos.

– La lucha contra la necesidad debe ser mantenida dentro de cada Nación, a fin de promover el bienestar común.

En cuanto a su composición, se estructura en tres órganos básicos:

– La Conferencia.

– El Consejo de Administración.

– La Oficina Internacional de Trabajo.

Mencionar que es el único organismo internacional de composición tripartita, integrado por representantes de los Gobiernos de los Estados miembros, representantes de las organizaciones profesionales más representativas de empleadores y de trabajadores en cada uno de los Estados, en cada uno de sus órganos.

La acción de la O.I.T. tiene por fin la mejora de las condiciones de vida y trabajo de los trabajadores en el plano internacional. Para ello, se vale de dos tipos de instrumentos normativos: convenios y recomendaciones, para los que será necesario el voto favorable de 2/3 de los votos emitidos por los delegados presentes.

A) Convenios

Los Convenios son normas internacionales surgidas tras acuerdo logrado en el seno de la conferencia de la OIT, que no tendrán eficacia interna en cada país hasta que su autoridad competente no ratifique el convenio.

Tras su ratificación y publicación oficial, el convenio surtirá efectos en el derecho interno. Tal y como establece el art. 96.1 de la Constitución española, «Los tratados internacionales formarán parte del ordenamiento jurídico interno una vez publicados oficialmente en España, esto es, mediante su publicación íntegra en el B.O.E».

Respecto del rango jerárquico de los Convenios de la OIT, es decir el lugar que ocupan (una vez ratificados y publicados) dentro del orden normativo interno: según la Constitución, el tratado internacional publicado oficialmente en España goza de una prelación sobre cualquier disposición, incluidas las leyes en sentido propio (arts. 95 y 96 de la Constitución Española), es decir las normas con rango de ley (leyes orgánicas, leyes ordinarias, decretos legislativos o decretos-leyes).

B) Recomendaciones

Las Recomendaciones: Son meras propuestas, sin carácter vinculante, dirigidas a los estados miembros, que sólo obligan a éstos a informar sobre el estado de su legislación y el grado de observancia de lo recomendado.

La recomendación se empleará en lugar del convenio en dos supuestos:

- Cuando así lo decide la Conferencia.

- Cuando en la deliberación sobre la adopción del convenio no se alcance la mayoría necesaria para su aprobación

1.1.2. Normas de la Unión Europea del Derecho del Trabajo

La originaria Comunidad Económica Europea (CEE), constituida como Unión Europea (UE) tras el Tratado de Maastricht de 1992, fue creada mediante el Tratado de Roma, en 1957. Entre sus objetivos, esta unión de Estados del continente europeo, tenía los de elevar el nivel de vida a los trabajadores de los países miembros, así como permitir la libre circulación de todos ellos por el territorio de la Comunidad, garantizar el empleo y una adecuada protección social, conseguir una armonización de las condiciones laborales en los distintos países miembros, etc.

La historia de la Unión Europea, integrada en la actualidad por 27 Estados, se encuentra jalonada por la firma de un cúmulo de Tratados y Actas que constituyen el llamado Derecho Comunitario/de la Unión originario y entre las que se encuentran, además del Tratado de Roma, los siguientes:

- El Acta Única Europea (1986).
- El Tratado de la Unión Europea (Maastricht, 1992).
- El Tratado de Ámsterdam (1997).
- El Tratado de Niza (2001).
- El Tratado de Lisboa (2007).

España pertenece a la UE desde 1986, año en que nuestro país queda incorporado como miembro de pleno derecho. Ello significa tanto la aplicación de los tratados, actas y declaraciones originarias, como del denominado Derecho Comunitario/de la Unión derivado, compuesto por los Reglamentos (de aplicación directa en los estados miembros), decisiones (de obligatoriedad al caso concreto), directivas (que marcan objetivos y directrices a los estados miembros y, a veces, son de aplicación directa) y recomendaciones y dictámenes (no vinculantes).

Asimismo, además del derecho originario, se cuenta además con la jurisprudencia del TJUE, los principios generales del ordenamiento jurídico comunitario y ciertas prácticas reiteradas de las propias instituciones que, a falta de norma expresa, se han convertido en costumbres. Este conjunto recibe el nombre de Derecho complementario.

Las finalidades fundamentales del derecho social comunitario, que se encarga de regular las materias sociolaborales en el ámbito de la UE, son las siguientes:

- La libre circulación de trabajadores de los Estados miembros por todo el territorio comunitario (Reglamento 1612/68/CEE y Directiva 2004/38/CE).

- Información y consulta de los trabajadores (Directiva 2002/14/CEE), de ordenar el trabajo a tiempo parcial (Directiva 97/81/CE) el permiso parental (Directiva 96/34/CE) o el trabajo de duración determinada (Directiva 99/70/CE), incluso de la protección de los trabajadores frente a los despidos colectivos y en caso de traspaso de empresas (Directivas 2002/74/CE y 2001/23/CE, respectivamente), etc.

- La coordinación en materia de Seguridad Social para garantizar la conservación de los derechos de los trabajadores migrantes en el marco de la Comunidad. (Reglamento 883/2004, del Parlamento Europeo y del Consejo de 29 de abril, sobre la coordinación de los sistemas de seguridad social

Los posibles conflictos entre el Derecho español y el Derecho comunitario aplicable se someterán al principio de primacía; por tanto, la norma nacional, cualquiera que sea su rango, será inaplicada en beneficio de la norma comunitaria que resulte incompatible con ella.

A) Los Reglamentos

Tiene alcance general y es obligatorio en todos sus elementos, con aplicación directa e inmediata en cada Estado miembro. Es un instrumento normativo excepcional y tan sólo utilizado para determinadas materias (libre circulación de trabajadores, Seguridad Social de trabajadores migrantes y Fondo Social Europeo).

La publicación necesaria se produce con su inserción en el Diario Oficial de la Unión Europea. El reglamento entra en vigor en la fecha que al efecto establezca; a la falta de esta especificación, a los veinte días de su publicación oficial. Se integra en el Derecho interno estatal y provoca la inaplicación de las normas nacionales que contradigan sus reglas.

B) Las Directivas

La directiva es el instrumento jurídico tipo de la Comunidad para la aproximación y armonización de las legislaciones nacionales.

No es directamente aplicable, de modo que necesita de transposición por el Estado miembro.

C) Las Decisiones

Las decisiones, al igual que los reglamentos, son vinculantes en todos sus elementos, pero se diferencian de éstos en que el destinatario está personalizado en uno o varios Estados miembros, o en una o varias personas. Tiene, pues, carácter individualizado y no general.

D) Recomendaciones y dictámenes

Las recomendaciones y los dictámenes no son vinculantes; carecen, por tanto, de carácter normativo.

Los destinatarios, que pueden ser tanto los Estados como las empresas, son libres para seguir o no las indicaciones que en ellos se contengan. A falta de eficacia jurídica, cuentan con indudable autoridad moral.

1.2. La Constitución Española de 1978 y el Derecho del Trabajo

El Derecho del Trabajo alcanza su definitiva consolidación cuando adquiere rango constitucional, esto es, cuando los derechos y deberes laborales básicos son reconocidos en nuestra Carta Magna. Con ello, estos derechos y deberes sociolaborales, algunos catalogados de derechos fundamentales, se sitúan en un lugar privilegiado del Ordenamiento y se les dota de una importancia capital en el orden político y social del Estado de Derecho.

El artículo 1.1. de la Constitución declara que «España se constituye en un Estado social y democrático de Derecho, que propugna como valores superiores de su ordenamiento jurídico la libertad, la justicia, la igualdad y el pluralismo político». Por lo tanto, se reconocen los derechos sociales y económicos, en el marco de un sistema de libertad de mercado atemperado por la búsqueda del Estado del bienestar y el Estado Social.

Respecto del trabajo asalariado, en el Título Preliminar, destinado a trazar los principios y rasgos fundamentales del Estado y de la sociedad española, se alude a tres instituciones básicas: Los partidos políticos, las fuerzas armadas y los sindicatos de trabajadores y las asociaciones empresariales.

Se reconoce, dentro del Título I, Capítulo II, Sección Primera, «De los Derechos Fundamentales y Libertades Públicas», en el artículo 28, la Libertad Sindical y el Derecho de Huelga.

Dentro del Título I, Capítulo II, Sección Segunda, «Derechos y Deberes de los Ciudadanos», se incluyen los siguientes, de claro contenido laboral:

– Deber de trabajar de todos los españoles. (Art. 35).

– Derecho al trabajo, a la libre elección de profesión u oficio, a la promoción a través del trabajo y a una remuneración suficiente para satisfacer sus necesidades y las de su familia, sin que en ningún caso pueda hacerse discriminación por razón de sexo. (Art. 35).

– Derecho a la negociación colectiva laboral entre los representantes de los trabajadores y empresarios, y reconocimiento de la fuerza vinculante de los convenios. (Art. 37.1).

– Derecho de los trabajadores y empresarios a adoptar medidas de conflicto colectivo. (Art. 35.2).

Para desarrollar todos estos derechos, la constitución realiza la previsión de que «La Ley regulará un Estatuto de los Trabajadores». (Art. 35.2).

Por su parte, el Capítulo III del Título I, «Los Principios Rectores de la Política Social y Económica», recoge diversas funciones del Estado en materia laboral:

– Los Poderes Públicos realizarán una «Política orientada al pleno empleo». (Art. 40.1).

– Asimismo, «fomentarán una política que garantice la formación y readaptación profesionales, velarán por la seguridad e higiene en el trabajo y garantizarán el descanso necesario, mediante la limitación de la jornada laboral, las vacaciones periódicas retribuidas y la promoción de centros adecuados». (Art. 40.2).

– Los Poderes Públicos «Mantendrán un régimen público de Seguridad Social para todos los ciudadanos, que garantice la asistencia y prestaciones sociales suficientes ante situaciones de necesidad, especialmente en caso de desempleo». (Art. 41).

– El Estado «velará especialmente por la salvaguardia de los derechos económicos y sociales de los trabajadores españoles en el extranjero, y orientará su política hacia su retorno». (Art. 42).

Finalmente, en el Título VII («Economía y Hacienda») encontramos otro artículo, el 129, que recoge también disposiciones de trascendencia en materia laboral. «La ley establecerá las formas de participación de los interesados en la Seguridad Social (...). Los poderes públicos promoverán eficazmente las diversas formas de participación en la empresa y fomentarán, mediante una legislación adecuada, las sociedades cooperativas. También establecerán los medios que faciliten el acceso de los trabajadores a la propiedad de los medios de producción».

1.2.1. Garantías constitucionales de los derechos y libertades laborales

La Constitución recoge las siguientes fórmulas para garantizar la efectividad de los derechos y libertades (entre ellos, claro está, los laborales).

A) Garantías comunes a todos los derechos y libertades (Capítulo II del Título I):

Los derechos y libertades de contenido laboral recogidos en el Capítulo II del Título I de la Constitución son La libertad sindical (art. 28.1), el derecho de huelga (art. 28.2), el derecho al trabajo (art. 35.1), el derecho a la negociación colectiva (art. 37.1), el derecho a adoptar medidas de conflicto colectivo (art. 37.2).

El art. 53.1. de la Constitución garantiza estos derechos con las siguientes prescripciones:

– Declara que esos derechos y libertades «Vinculan a todos los poderes públicos».

– Establece que el ejercicio de tales derechos y libertades podrá regularse «sólo por ley».

– La tutela judicial ante los órganos judiciales ordinarios y por los trámites del procedimiento ordinario.

– Recurso de inconstitucionalidad, que cabe interponer ante el Tribunal Constitucional contra leyes y normas con rango de ley (decretos administrativos y decretos leyes) que no respeten el contenido esencial de estos derechos y libertades.

B) Derechos y libertades con garantía máxima (Sección 1.ª del Capítulo II del Título I):

La Constitución establece una garantía específica para el ejercicio de los «derechos fundamentales y libertades públicas» que, en materia laboral, son la libertad sindical y el derecho a la huelga. Esta garantía consiste en:

– La tutela de estos derechos y libertades puede ser requerida por el propio interesado ante los tribunales ordinarios «mediante un procedimiento basado en los principios de preferencia y sumariedad». (Art. 53.2).

- Adicionalmente, se prevé la posibilidad de interponer recurso de amparo ante el tribunal constitucional.
- Su desarrollo legislativo se reserva a ley orgánica.

1.2.2. Competencias autonómicas en materia laboral y de protección social

La constitución realiza un reparto competencial entre Estado y Comunidades Autónomas en atención a la materia. Así, en el art. 149, se detallan aquellas competencias de reserva exclusiva para el Estado, entre las que se incluye lo relativo a la legislación laboral (artículo 149.1.7.°) y de Legislación básica de Seguridad Social (art. 149.1.17.°). Todo ello, sin perjuicio de que, en determinadas materias, se permita a las Comunidades Autónomas la ejecución de lo legislado por el Estado. Supuesto que nuevamente vuelve a ocurrir en materia laboral y de Seguridad Social. Por tanto, el Estado tendrá la competencia exclusiva para legislar sobre dichas materias, pero las CCAA tendrán competencia para su ejecución.

No obstante lo anterior, en lo relativo a asistencia social la Constitución establece la posibilidad de que las Comunidades Autónomas asuman dicha competencia, tanto en su vertiente legislativa como ejecutiva.

1.3. Fuentes estatales: leyes, decretos y reglamentos

1.3.1. Leyes: ordinarias y orgánicas

El artículo 3.1. del Estatuto de los Trabajadores establece lo siguiente:

> «1. Los derechos y obligaciones concernientes a la relación laboral se regulan: Por las disposiciones legales y reglamentarias del Estado.

Por los convenios colectivos.

Por la voluntad de las partes, manifestada en el contrato de trabajo, siendo su objeto lícito y sin que en ningún caso puedan establecerse en perjuicio del trabajador condiciones menos favorables o contrarias a las disposiciones legales y convenios colectivos antes expresados.

Por los usos y costumbres locales y profesionales».

Así pues, según este artículo, las disposiciones legales del Estado constituyen la primera de las fuentes reguladoras de las relaciones laborales.

El art. 66 de la Constitución declara que las cortes generales, formadas por el congreso de los diputados y por el senado «ejercen la potestad legislativa del Estado» en cuanto que representan al pueblo español.

Por otra parte, la constitución distingue dos tipos de leyes: las ordinarias y las orgánicas. Estas últimas son leyes cualificadas tanto por la relevancia de las materias que se les reserva (desarrollo de los derechos fundamentales y libertades públicas, régimen electoral general, Estatutos de Autonomía) como por los requisitos exigidos para su aprobación, modificación y derogación (Mayoría absoluta del congreso, en votación final del texto normativo).

Por lo demás, el proceso de elaboración de ambos tipos de leyes es el mismo:

- La iniciativa legislativa se atribuye al gobierno, a cualquiera de las cámaras, a las asambleas de las Comunidades Autónomas y a la iniciativa popular 500.000 firmas acreditadas y que no versen sobre materias reservadas a ley orgánica).

- La sanción, promulgación y mandato de publicación de las leyes corresponde al rey.

1.3.2. Decretos legislativos y Decretos leyes

Las Cortes Generales pueden delegar en el gobierno la potestad de dictar normas con rango de ley: Los Decretos Legislativos. Delegación legislativa que no puede operar respecto de materias reservadas a ley orgánica, y que responde a exigencias de eficacia y agilización del proceso normativo, y tiene dos vías:

- Aprobación de ley de bases cuyo desarrollo encargan las cortes al gobierno, para que éste formule un texto articulado.

- Aprobación de ley ordinaria disponiendo la refundición de varios textos legales en uno (como ocurre con el vigente Estatuto de los Trabajadores).

Se exige en ambos casos que la delegación sea expresa, para materia concreta y con determinación de un plazo fijo para su ejercicio, y queda agotada por su uso. No caben delegaciones «implícitas» o por tiempo indeterminado, y está prohibida la «subdelegación» por parte del gobierno en autoridades distintas de él mismo.

Además de esta legislación delegada, el texto constitucional reconoce la existencia de unas disposiciones que el gobierno puede dictar en caso de «extraordinaria y urgente necesidad», los Decretos-leyes.

Se trata de normas de carácter excepcional, que no pueden referirse a instituciones básicas del Estado ni a derechos y libertades regulados en el Título I de la Constitución, ni al régimen de las Comunidades Autónomas ni al régimen electoral general. (Art. 86.1).

Esta excepcionalidad se refleja en la obligatoriedad de su remisión o convalidación en el plazo de 30 días a partir de la promulgación del Decreto-Ley. Durante dicho plazo, las cortes podrán tramitar el Decreto-Ley como proyecto de ley por el procedimiento de urgencia.

1.3.3. Reglamentos

Mientras que la potestad legislativa en sentido estricto reside en las Cortes (independientemente de que éstas la deleguen en ciertos supuestos en el Gobierno), el propio Gobierno posee una potestad normativa, originaria y no delegada, que recibe el nombre de potestad reglamentaria.

La constitución española, en este sentido, reconoce este poder al establecer en su artículo 97 que «El gobierno ejerce la potestad reglamentaria de acuerdo con la constitución y las leyes».

La potestad reglamentaria tiene una función subsidiaria: en defecto de ley (reglamentos autónomos) o a consecuencia de un mandato legal expreso (reglamentos de desarrollo legislativo)

El artículo 3.2 del Estatuto de los Trabajadores, es bien claro, al establecer que «Las disposiciones reglamentarias desarrollarán los preceptos que establecen las normas de rango superior, pero no podrán establecer condiciones de trabajo distintas a las establecidas por las leyes a desarrollar». Por lo tanto, limita la función de los reglamentos al desarrollo de la ley.

Por tanto, en Derecho del Trabajo: sólo son posibles los reglamentos de desarrollo (art. 3.2 ET), que son aprobados por Real Decreto (RD) y por Orden Ministerial (Orden TAS, cuando la dicta el Ministerio de Trabajo y Asuntos Sociales —hoy Ministerio de Empleo y Seguridad Social—).

Como complemento a todo lo anterior, cabe señalar algunos de los principales textos normativos en materia laboral.

- Real Decreto Legislativo 2/2015, de 23 de octubre, por el que se aprueba el texto refundido de la Ley del Estatuto de los Trabajadores (ET), que responde al mandato directo dado por la constitución (art. 35.2 CE).

- Ley Orgánica 1/1985, de 2 de agosto, de Libertad Sindical (LOLS), que toma forma de ley orgánica por tratarse de un derecho catalogado de fundamental por la Constitución.

- Ley 31/1995, de 8 de noviembre de Prevención de Riesgos Laborales (LPRL) (1995).

- Ley 36/2011, de 10 de octubre, reguladora de la Jurisdicción Social (LRJS) (2011),

- Real Decreto Legislativo 5/2000, de 4 de agosto, por el que se aprueba el texto refundido de la Ley sobre Infracciones y Sanciones en el Orden Social (LISS o LISOS)

– Real Decreto Legislativo 8/2015, de 30 de octubre, por el que se aprueba el texto refundido de la Ley General de la Seguridad Social (TRLGSS).

1.4. Convenios colectivos

La Constitución española reconoce el derecho a la negociación colectiva laboral entre los representantes de los trabajadores y de los empresarios, (art. 37.1 Constitución). Se consagra así la autonomía colectiva de las partes sociales y su competencia reguladora sobre las relaciones de trabajo.

La Constitución reconoce también la fuerza vinculante de los convenios, lo que supone la atribución de su eficacia jurídica como fuente del derecho laboral. Este derecho constitucional a la negociación colectiva se desarrolla en el título III del Estatuto de los Trabajadores, «De la Negociación de los Convenios Colectivos» (arts. 82 a 92, ambos inclusive). Se regulan en este título un tipo específico de convenios, los de eficacia personal general y que se conocen como «estatutarios». Junto a estos, existe un segundo tipo, los convenios extraestatutario, de eficacia personal limitada a las partes que lo firman.

La negociación colectiva forma parte del contenido esencial de libertad sindical en cuanto derecho colectivo de los sindicatos al libre ejercicio de su actividad característica (defensa y promoción de los intereses económicos y sociales que le son propios.

Podemos definir el convenio colectivo como el acuerdo escrito, formalmente celebrado entre el empresario o sus organizaciones representativas, de una parte, y las organizaciones de representación de los trabajadores, de otra, a través del cual se fijan las condiciones por las que han de regirse las relaciones singulares de trabajo incluidas bajo su ámbito de aplicación.

De este concepto podemos extraer varias características:

– El convenio es un acuerdo de voluntades, celebrado por escrito. En este sentido, es un contrato.

- Es un contrato que, además, se celebra entre partes o sujetos colectivos. Al menos por la parte que respecta a los trabajadores.

- Este contrato, además, con carácter general, está dotado de eficacia normativa.

- Es una institución esencialmente laboral, que surge y se desarrolla en el seno del Derecho del trabajo y que constituye su instrumento normativo y fuente jurídica peculiar propia.

- Contiene (y a ello se orienta) una regulación de condiciones de trabajo y empleo dentro de un determinado ámbito de las relaciones de producción. Se trata, pues, de una norma sectorial.

Por una parte, el convenio es un acuerdo o contrato entre las partes trabajadora y empresarial, lo que, de entrada, crea una serie de derechos y deberes entre las partes que lo conciertan. Así, el convenio colectivo vincula a los empresarios y trabajadores incluidos en su ámbito de aplicación, con independencia de su voluntad de quedar sometidos a las normas del convenio.

Por ello, los derechos y obligaciones establecidos en el convenio se incorporan de forma automática y necesaria a las relaciones de trabajo incluidas en el ámbito del pacto colectivo y no pueden ser excluidos de los contratos individuales, aunque sí mejorados a favor de los trabajadores, según la naturaleza de la norma de que se trate. A este respecto la naturaleza de las normas en el Derecho del Trabajo es la siguiente:

Si bien lo anterior, cabe tener en cuenta la diferente naturaleza de las normas laborales. Así, puede ser:

- Normas de derecho necesario absoluto. Son absolutamente inmodificables e indisponibles por negociación colectiva e individual. Ej.: requisitos necesarios para negociación de un convenio colectivo. Se trata de una norma establecida en el Estatuto de los Trabajadores y que ni un convenio colectivo ni un contrato de trabajo pueden modificar.

– Normas de derecho necesario relativo, de máximos o de mínimos. Son modificables o inmodificables en un sentido. Es decir, se trata de normas establecidas en el Estatuto de los Trabajadores que tan sólo pueden ser modificadas por convenios colectivos o contratos para mejorar las condiciones laborales, desde la perspectiva del trabajador. Por ejemplo, el art. 38 ET: «El período de vacaciones anuales retribuidas no sustituibles por compensación económica será la pactada en convenio colectivo o contrato individual. En ningún caso la duración será inferior a treinta días naturales». Es decir, convenio colectivo y/o contrato pueden o bien mantener el mínimo de 30 días fijado por el ET o mejorarlo, pero nunca empeorarlo.

– Normas de derecho dispositivo. Son aquellas que admiten modificaciones tanto para ampliar como para reducir el contenido fijado por el ET. Ej.: Artículo 114 ET «1. Podrá concertarse por escrito un periodo de prueba, con sujeción a los límites de duración que, en su caso, se establezcan en los convenios colectivos. En defecto de pacto en convenio, la duración del periodo de prueba no podrá exceder de seis meses para los técnicos titulados, ni de dos meses para los demás trabajadores (…)». Es decir, se permite la fijación del límite temporal del período de prueba mediante convenio colectivo señalándose en el ET un límite temporal tan sólo en defecto de pacto.

1.5. Contrato de trabajo

(Estudio en temas siguientes)

1.6. La costumbre laboral

Se trata de una norma creada e impuesta por el uso social, y observada con convicción de su obligatoriedad (la llamada opinio iuris seu necesitatis). Ahora bien, la costumbre cobra carácter de fuente del derecho porque la reiteración de conductas que crea la costumbre es sentida como obligatoria por quienes la practican.

En derecho del trabajo hay que distinguir entre usos y costumbres y meros usos de empresa, simples hábitos que no crean derecho.

El Estatuto de los Trabajadores se refiere a los «usos y costumbres locales y profesionales» (art. 3.1.d, del Estatuto). En consecuencia, la costumbre laboral, para poder ser invocada como fuente (en defecto de ley), ha de reunir dos características, según indica el propio art. 3.1.d ET: debe ser local, es decir referida a un ámbito geográfico determinado, y debe ser profesional, es decir observada en una profesión concreta.

En el derecho del trabajo la costumbre tiene un carácter muy secundario como fuente del derecho. Sólo rige en defecto de ley y disposiciones convencionales o contractuales, o en caso de remisión expresa.

1.7. Principios generales del Derecho del Trabajo

La aplicación de la norma laboral se rige esencialmente por las reglas de la aplicación del derecho en general. No obstante, ello no impide la existencia de peculiaridades, consecuentemente con la singularidad del ordenamiento jurídico laboral.

Los artículos 3 y 4 del Código Civil recogen una serie de reglas en materia de aplicación de las normas jurídicas, reglas que afectan a todo el ordenamiento jurídico y en las que se consagran las interpretaciones gramatical («las normas se interpretarán según el significado propio de sus palabras»), sistemática («en relación con el contexto»), histórica («en relación con los antecedentes históricos y legislativos»), socio-cultural («La realidad social del tiempo en que han de ser aplicadas») y teleológico («Atendiendo fundamentalmente al espíritu y finalidad de las normas»).

El artículo 4 del Código Civil prevé el recurso a la analogía cuando las normas «no contemplen un supuesto específico, pero regulen otro semejante entre los que se aprecie identidad de razón», que excluye la interpretación de las leyes penales y excepcionales, prohibiendo también la extensión de normas temporales.

Los principios generales del derecho, son principios inspiradores de todo el ordenamiento jurídico, y que aparecen incluidos entre las fuentes del derecho, subordinados a la ley y a la costumbre (artículo 1.4. del Código Civil: «Se aplicarán en defecto de ley o costumbre»).

Los principios generales del derecho se pueden utilizar, y así ha de ser, por el intérprete de la norma en la medida en que hayan sido reconocidos por la legislación o la jurisprudencia, pero no tienen aplicación directa.

Además de estos principios generales del derecho y de las reglas técnicas de la interpretación, existen unos criterios o principios que inspiran las normas jurídico-laborales. La legislación laboral surge para proteger a los trabajadores, estableciendo limitaciones a la libertad de contratación y a la autonomía de la voluntad de las partes, ya que parte de una situación de desigualdad, en la que los trabajadores están en inferior situación respecto de los empresarios. Ello se ha traducido tradicionalmente en el establecimiento de unas garantías y cautelas jurídicas dirigidas de forma específica a la protección del trabajador.

1.7.1. Principio *pro operatio*

Entre las medidas protectoras citadas, es especialmente importante el principio pro operario, y sus principales consecuencias, los principios de norma más favorable y condición más beneficiosa.

El principio pro operario significa, esencialmente, que allí donde existan varias interpretaciones posibles de un precepto de derecho del trabajo, será de aplicación la interpretación que mayor beneficio reporte al trabajador.

Los requisitos para su aplicación son los siguientes:

– Debe haber al menos dos interpretaciones posibles de una norma, es decir se ha de plantear una duda razonable en el ánimo del juzgador sobre varias interpretaciones (dos o más) de un precepto que resulta ambiguo.

– Opera como criterio de interpretación de normas, nunca de contratos.

1.7.2. Principio de norma más favorable

Principio establecido por el propio Estatuto de los Trabajadores, que en su artículo 3.3. establece lo siguiente: «Los conflictos originados entre los preceptos de dos o más normas laborales, tanto estatales como pactadas, que deberán respetar los mínimos de derecho necesario, se resolverán mediante la aplicación de lo más favorable para el trabajador, apreciado en su conjunto y en cómputo anual respecto de los conceptos cuantificables».

El principio de norma más favorable tiene como fundamento la existencia de dos o más normas en vigor, cuya aplicación preferente se discute. No se trata, como en el caso anterior, de interpretar un precepto ambiguo del modo más beneficioso para el trabajador, sino de seleccionar entre varias la norma, cualquiera que sea su rango, que contenga disposiciones más favorables para el trabajador.

No obstante lo anterior, se establecen reglas que rigen y limitan la aplicación de dicho principio:

– La comparación ha de concluir seleccionando una de ellas en bloque; no es procedente, pues, seleccionar aisladamente en cada caso de duda la regla o precepto concreto más beneficiosos, lo que llevaría en ocasiones a elegir un precepto de una norma y en otras un precepto de otra distinta.

– Los «mínimos de derecho necesario» no pueden ser menoscabados, sino que han de ser respetados siempre. Esos mínimos no pueden ser ignorados por muy beneficiosa que la norma sea en otros aspectos. Por ejemplo, un convenio colectivo no podrá compensar el establecimiento de una jornada de trabajo superior a la máxima legal (que es de 40 horas/semana) mediante ventajas salariales o en materia de vacaciones, Seguridad Social, acción asistencial, etc.

A pesar de lo que dispone el ET, lo cierto es que el verdadero conflicto entre normas laborales es escaso y que cuando se suscita lo hace, fundamentalmente, en forma de concurrencia entre convenios colectivos. Así, son extraños los conflictos entre normas laborales estatales y fácilmente resolubles aplicando el principio de jerarquía normativa que establece un orden de prelación entre las normas jurídicas (esta cuestión se explica más adelante en detalle); por otro lado, los convenios colectivos están supeditados siempre a la ley y a las disposiciones reglamentarias.

1.7.3. Principio de condición más beneficiosa

Este principio hace referencia al mantenimiento de los derechos adquiridos por el trabajador incluso si, posteriormente, se produce la aprobación de una norma que, con carácter general, establezca condiciones menos favorables que las disfrutadas a título individual.

Es por eso que, frecuentemente, los convenios colectivos incluyen cláusulas del tipo: «se respetarán las situaciones personales que en su conjunto sean superiores a las establecidas por este convenio, manteniéndose exclusivamente *ad personam*».

El problema principal que plantea este principio es el de saber si, bajo el mismo, se comprenden los derechos adquiridos por contrato individual del trabajador y por concesión del empresario de forma unilateral, o también los adquiridos en virtud de una norma anterior (un convenio, por ejemplo).

Este principio, según la doctrina jurisprudencial, se aplicará exclusivamente a los estrictos beneficios pactados o concedidos individualmente, sin que pueda extenderse a otros similares, y sin que el beneficio pueda suprimirse unilateralmente por el empresario. Para que se pueda aplicar este principio es necesario que la situación más beneficiosa se adquiera con motivo de lo dispuesto en el contrato de trabajo o como consecuencia de una decisión unilateral del empresario, pero no por una norma anterior (por ejemplo, un convenio colectivo o una ordenanza).

1.7.4. Principio de irrenunciabilidad de derechos

Con este principio se quiere evitar las renuncias hechas por el trabajador en su propio perjuicio, presumiblemente forzado a ello por la posición preeminente que ocupa el empleador. Así, el artículo 3.5 del Estatuto de los Trabajadores establece que «Los trabajadores no podrán disponer válidamente, antes o después de su adquisición, de los derechos que tengan reconocidos por disposiciones legales de carácter necesario». Tampoco podrán «disponer válidamente de los derechos reconocidos como indisponibles en convenio colectivo».

Para entender la operatividad de este principio hay que hablar primero del criterio de clasificación de las normas jurídicas, según el cual éstas se dividen en:

- Normas de derecho imperativo: aquellas que no son disponibles por la autonomía privada. Una norma imperativa no puede ser excluida ni modificada por la autonomía de la voluntad, es decir por los particulares.

- Normas de derecho dispositivo: normas que pueden ser excluidas o modificadas por la autonomía privada. Su finalidad es suplir vacíos de la reglamentación fijada por la autonomía privada.

Existen renuncias expresamente prohibidas por la normativa: la renuncias o transacciones sobre derechos reconocidos al trabajador por sentencia favorable (art. 246 LJS) y la renuncia a la compensación económica de las vacaciones (art. 38.1 ET).

1.7.5. Jerarquía de las normas laborales. Dimensión estática y dinámica

Por razones de seguridad jurídica, se hace necesaria una graduación o jerarquía normativa, garantizada por la constitución en su artículo 9.3. y recogida por el Estatuto de los Trabajadores en su artículo 3.

La norma superior ejerce una función controladora sobre la inferior.

El establecimiento de la jerarquía normativa en nuestro sistema jurídico implica que las distintas normas jurídicas existentes se gradúan según su fuerza formal de manera que las de rango inferior quedan supeditadas a aquéllas que poseen un rango inferior dentro de la pirámide normativa. Así, una norma de rango inferior no puede contravenir lo regulado en una norma de rango superior. Por ejemplo, toda ley debe respetar lo que la Constitución establece.

Dicho de otro modo, las normas jurídicas se ordenan conforme a determinado criterio y ese criterio de ordenación es el llamado principio de jerarquía normativa, en virtud del cual las normas se ordenan verticalmente de acuerdo con su rango, de modo que la de mayor rango tiene prioridad sobre la inferior y la inferior sólo vale si no es contraria a la superior.

El tema de la jerarquía de las normas en Derecho del Trabajo alude a dos cuestiones:

- Por una parte, significa que unas normas tienen un rango superior a otras de manera que existe una graduación jerárquica (jerarquía estática).

- Por otra parte, significa que ese orden formal se puede alterar en el momento de aplicarse la norma, como consecuencia del juego del principio de norma más favorable (jerarquía dinámica).

A) Jerarquía estática

Jerarquía estática: desde el punto de vista de la jerarquización estática, y por lo que al Derecho nacional respecta, podemos decir de manera muy esquemática que el orden es: 1.º Constitución; 2.º Ley; 3.º Reglamento; 4.º Convenio colectivo; 5.º Costumbre laboral.

De forma más compleja, si tenemos en cuenta el Derecho supranacional, la escala de las normas laborales se estructura del siguiente modo (art. 9.1 CE y art. 3.1 ET):

– Las disposiciones directamente aplicables del Derecho Comunitario Europeo (Derecho originario y derivado de la Unión Europea).

– La Constitución Española, que es la «Norma de normas».

– Tratados y Convenios internacionales celebrados por el Estado y publicados oficialmente.

– Las normas con rango de ley (ya sean leyes orgánicas, ordinarias, decretos legislativos o decretos-leyes).

– Las disposiciones reglamentarias (reglamentos del Gobierno).

– Los convenios colectivos, que se subordinan a las normas estatales, tanto legales como reglamentarias.

– El contrato de trabajo.

– La costumbre laboral, que se aplica subsidiariamente «en defecto de disposiciones legales, convencionales o contractuales» (art. 3.1.d y 3.4 ET).

B) Jerarquía dinámica

Jerarquía dinámica: conjunción del principio de jerarquía y del principio de norma más favorable. En Derecho del Trabajo el principio de jerarquía normativa presenta estas dos facetas (sobre todo en lo que se refiere a la relación entre la ley y el convenio colectivo):

Relación ley-convenio colectivo:

– Convenio colectivo es jerárquicamente inferior al ET.

– Establece mejoras de normas de derecho mínimo establecido en el Estatuto de los Trabajadores.

- Se aplica lo dispuesto en el Convenio colectivo, a pesar de ser una norma de rango inferior con respecto al ET.

Si la aplicación del Derecho del Trabajo estuviese presidida de forma exclusiva por el principio jerarquía normativa estática, significaría la estatalización de la normativa laboral y la inviabilidad práctica de los convenios colectivos, ya que leyes y reglamentos relegarían su aplicabilidad.

Por ello el Ordenamiento arbitra un mecanismo de corrección de las consecuencias a que llevaría la aplicación del principio de jerarquía normativa de forma estricta. Un principio de jerarquía dinámico, que consiste en el reconocimiento de que las condiciones laborales que resultan efectivamente aplicables son las más favorables.

En definitiva, el Derecho del Trabajo ha arbitrado un peculiar mecanismo de corrección de las consecuencias a que llevaría la aplicación estricta del principio jerárquico, como son la estatalización de la normativa laboral y la inviabilidad práctica de la negociación colectiva. Este mecanismo supone que lo normal en el Derecho Laboral es precisamente que la disposición de rango inferior (el convenio colectivo) se aplique prioritariamente sobre normas legales y reglamentos, al contener condiciones más favorables que éstas. De este modo, un convenio colectivo que no mejore el sistema de derechos laborales reconocido por las normas estatales es un contrasentido y haría innecesaria la negociación colectiva, y por supuesto, si el convenio colectivo no respeta los mínimos legales se convertiría en un acto nulo.

TEMA 3

EL CONTRATO DE TRABAJO

1. Partes en la relación laboral. Conceptos jurídicos y capacidad contractual

1.1. Concepto jurídico de trabajador

El trabajador es, obviamente, la figura central y destinatario básico del Derecho Laboral. Este ordenamiento jurídico, de hecho, surgió precisamente con el fin de mejorar las condiciones de vida y trabajo de los trabajadores dependientes y asalariados.

Podríamos definir al trabajador, como concepto técnico-jurídico, como la persona física que se obliga a trabajar por cuenta y bajo dependencia ajenas, a cambio de una remuneración, en virtud de un contrato de trabajo.

Por su parte, la ley (artículo 1.1. Estatuto de los Trabajadores) ofrece un concepto de trabajador al determinar el ámbito de aplicación del estatuto: Trabajadores incluidos en este son aquellos que «voluntariamente presten sus servicios retribuidos por cuenta ajena y dentro del ámbito de organización y dirección de otra persona» (el empresario).

El concepto se completa por vía negativa (el artículo 1.3 recoge las actividades laborales y las modalidades de trabajadores, por tanto, excluidas del ET) y positiva (El artículo 2 recoge las relaciones laborales de carácter especial que, sin duda, se incluyen en el ámbito del derecho del trabajo).

1.2. Concepto jurídico-laboral de empresario

El artículo 1.2 del Estatuto de Trabajadores define al empresario de la siguiente forma: «Serán empresarios todas las personas, físicas o jurídicas, o comunidades de bienes, que reciban la prestación de servicios de los trabajadores».

La figura del empresario es de suma importancia para el Derecho del Trabajo en cuanto es sujeto del contrato de trabajo. Todo contrato laboral precisa de dos partes, una el trabajador y otra el empresario.

Además, el empresario, tal como se dijo respecto al trabajador en el tema anterior, puede examinarse, no ya desde la perspectiva que lo reconoce como parte en el contrato de trabajo, sino desde otras ópticas: como asociado de una organización patronal, como sujeto obligado en materia de Seguridad Social, como para parte en un proceso judicial laboral, etc.

La definición legal de empresario la aporta el art. 1 ET al establecer que «serán empresarios todas las personas, físicas o jurídicas, o comunidades de bienes que reciban la prestación de servicios (de los trabajadores)», tal como queda descrita en el punto 1 de ese mismo artículo 2 (con carácter personal, voluntaria, por cuenta ajena y dependiente), así como de las personas contratadas para ser cedidas a empresas usuarias por empresas de trabajo temporal legalmente constituidas (ETT).

Así, la primera conclusión a extraer de esta definición es que mientras el trabajador ha de ser siempre una persona física, el empresario puede ser bien un individuo bien una entidad societaria, incluso una comunidad de bienes. Así las modalidades de empresario reconocidas legalmente son:

- Persona física

- Persona jurídica

- Comunidad de bienes, es decir pueden legalmente concertar contratos laborales los titulares colectivos o pro indiviso de un bien o masa de bienes aunque carezcan de personalidad jurídica. Ejemplo de este tipo de empresario son: los copropietarios de un edificio en régimen de propiedad horizontal (es decir, la típica comunidad de propietarios de un edificio sujeto a propiedad horizontal), la comunidad de pastos, los montes vecinales en mano común, las sociedades civiles y las herencias indivisas, entre otras. La finalidad que persigue el ET al incluir como empleadores a las comunidades de bienes es la de protección del trabajador, puesto que trata de asegurar la existencia de contrato de trabajo para aquellas personas que prestan sus servicios a una entidad que carezca de personalidad jurídica.

Por tanto, laboralmente es irrelevante para calificar de empresario a una persona o entidad:

- El tipo de negocio o explotación (sea industrial, agraria, de servicios, marítima, etc.).

- La naturaleza de la titularidad del negocio o explotación (es decir, que el empresario sea propietario, arrendatario, usufructuario, cesionario, etc., de la explotación).

- La naturaleza de carácter privado o público de la entidad.

- La existencia o no de ánimo de lucro (por ejemplo, fundaciones y entidades sin ánimo de lucro como las ONG). La inexistencia de ánimo de lucro no impide el nacimiento de auténticas relaciones de trabajo.

– La existencia o no de una auténtica organización de «empresa» (existen empresarios que carecen de tal organización, manteniendo una relación de trabajo con un trabajador singular; por ej. contrato laboral entre un abogado y su secretaria).

2. Capacidad contractual

En principio, se da por supuesta la capacidad jurídica general inherente a todo ser humano por el hecho de ser persona, pero no nos vamos a referir aquí a esa capacidad genérica para trabajar, lo realmente relevante es la concreta capacidad para concertar un contrato de estas características con plena eficacia jurídica, es decir, nos referimos a la capacidad negocial o capacidad de obrar. Es decir, ¿qué requisitos ha de reunir una persona para que el Derecho le permita celebrar un contrato de trabajo válido?

El derecho exige la concurrencia de determinados requisitos que garanticen, fundamentalmente, la aptitud y la libertad del contratante a la hora de obligarse, requisitos que pueden ser positivos (tener una determinada edad) o negativos (ausencia de causas de incapacitación).

2.1. Capacidad contractual del trabajador

2.1.1. La edad y la capacidad para celebrar contratos de trabajo

La legislación exige una edad mínima por debajo de la cual no se puede contratar válidamente.

Podemos distinguir tres estadios en orden a la capacidad para contratar como trabajador dependiente: capacidad plena, capacidad limitada e incapacidad.

Capacidad plena

El artículo 7 del Estatuto de los trabajadores reconoce capacidad para contratar a «quienes tengan plena capacidad de obrar conforme a lo dispuesto en el Código Civil».

Por lo tanto, tendrá plena capacidad para celebrar un contrato de trabajo como trabajador cuando se ha alcanzado la mayoría de edad o se está emancipado. Se dará esta capacidad laboral plena en tres supuestos:

- Por haber alcanzado la mayoría de edad (18 años según recoge el propio artículo 12 de la Constitución).

- Por emancipación, es decir, salida de la patria potestad, a efectos laborales, de los menores de 18 y mayores de 16. (La emancipación puede ser por matrimonio, concesión de quienes ejercen la patria potestad o concesión judicial).

- Por obtención del «beneficio de mayor edad», concedido por el juez al mayor de 16 años sometido a tutela que lo solicite.

Capacidad laboral limitada

Los mayores de 16 años y menores de 18 no emancipados ni beneficiados por concesión del beneficio de la mayor edad poseen una capacidad limitada: Tal limitación se refleja también en orden a sus posibilidades de firmar contratos de trabajo.

Para salvar esta limitación necesitará la autorización de su representante legal.

Celebrado el contrato de trabajo, el menor autorizado adquiere la capacidad necesaria para ejercitar los derechos y cumplir los correspondientes deberes contractuales, así como para dar por extinguido el contrato (art. 7.b del ET) Tiene también capacidad procesal laboral.

El empleo de trabajadores que no alcancen la minoría de edad conlleva la adaptación, modalización o, directamente, la no aplicación de algunas reglas laborales que rigen con carácter general. Se trata de una serie de medidas de claro sentido protector que se basan en diferentes razones como son la menor fuerza muscular, la menor experiencia y hábito de trabajo, el cuidado de la formación profesional e integral o la mayor tutela que requieren estos trabajadores menores. De un lado, estas normas persiguen la tutela psico-física del menor y, de otro, la protección de su formación moral y cultural. Así, conforme al art. 6.2, 34 y 37 ET:

- No pueden realizar trabajos nocturnos.

- No pueden efectuar aquellos trabajos que reglamentariamente se declaren insalubres, penosos, nocivos o peligrosos para su salud y su formación profesional y humana.

- Se les prohíbe realizar horas extraordinarias.

- Su jornada máxima diaria será de 8 horas y un descanso mínimo de 30 minutos en caso de jornada continuada que exceda de 4,5 horas.

- La duración del descanso semanal será, como mínimo, de dos días ininterrumpidos.

Incapacidad laboral

Según establece el art. 6.1 del Estatuto de los Trabajadores, carecerá de capacidad para contratar como trabajadores los menores de 16 años.

Excepciones a la edad laboral mínima

El artículo 6.4 del Estatuto de los Trabajadores prevé la posibilidad de actuación de menores de 16 años en espectáculos públicos, siempre que se cumplan una serie de condiciones.

- Que esté autorizada, por escrito, por la Administración laboral.

- Que la referida autorización se formule con carácter restrictivo, es decir «en casos excepcionales» y «para actos determinados».

- Que la autorización sólo se conceda cuando la intervención del menor en el espectáculo no suponga peligro «para su salud física ni para su formación profesional y humana».

- Que la autorización sea solicitada por los representantes legales del menor «acompañando el consentimiento de éste, si tuviera suficiente juicio» (art. 2 RD 1435/1985).

2.1.2. Los incapacitados y la contratación laboral

La capacidad para celebrar contratos de trabajo puede verse afectada por la existencia de «causas de incapacitación», entendiendo por tales las «enfermedades o deficiencias persistentes de carácter físico o psíquico que impidan a la persona gobernarse por sí misma». (Artículo 200 del Código Civil).

Al juez civil que declara la incapacitación compete señalar la «extensión y los límites de ésta» y, por tanto, será el que declare en qué medida las causas incidirán sobre la capacidad contractual.

Será, en definitiva, la sentencia declarativa de la incapacitación la que puntualizará si el trabajador puede contratar «por sí solo», si precisa representación de tutor o si, simplemente, no puede contratar su trabajo.

La celebración del contrato de trabajo por persona incapacitada judicialmente para ello genera la nulidad del acto sin perjuicio del posible mantenimiento de derechos retributivos de acuerdo con el artículo 9.2 del Estatuto de los Trabajadores.

2.2. Capacidad contractual del empresario

Se regirá por diferentes reglas según se trate de un empresario individual o persona física o de un empresario social o persona jurídica. Esos criterios se encuentran fijados con carácter general en nuestro Código Civil. Así:

El empresario persona física

Respecto del empresario individual hay que tener en cuenta varias cuestiones:

– El mayor de 18 años puede contratar válidamente por sí mismo. Igual capacidad posee el menor de 18 años que se encuentre emancipado por matrimonio y el mayor de 16 años emancipado por quien tenga la patria potestad o que hubiese obtenido el beneficio de la mayoría de edad por concesión judicial.

– El menor de 18 años que no esté emancipado puede contratar siempre que esté representado por sus representantes legales (padre/madre o tutor).

El empresario persona jurídica

Respecto del empresario societario hay que tener en cuenta lo siguiente:

– Cualquier persona jurídica, en cuanto es capaz de «contraer obligaciones» (según el art. 38 CC), puede celebrar contratos de trabajo como empresario.

– Las personas jurídicas privadas de carácter asociativo (mercantiles o civiles) han de contratar representadas según la forma que prevean los estatutos de la sociedad o el acta fundacional (art. 36 CC).

– Las personas jurídicas públicas y las corporaciones, asociaciones y fundaciones de interés público contratarán representadas en la forma prevista en sus normas ordenadoras (art. 37 CC).

– A su vez, las anteriores reglas sobre capacidad para concertar contratos con eficacia jurídica presuponen la existencia de personalidad jurídica del empresario social, que depende de que el ente social se encuentre válidamente constituido (art. 35 CC).

– Contra la celebración de contratos de trabajo por los representantes de las personas jurídicas excediendo los poderes que les confieren los estatutos de la sociedad o el acta de constitución, se podrán iniciar acciones de reclamación de indemnizaciones y de anulabilidad.

- Las comunidades de bienes, como ya se dijo, aunque no poseen personalidad jurídica, gozan de capacidad contractual

3. Aspectos configuradores del contrato de trabajo

3.1. Concepto de contrato de trabajo

El contrato de trabajo es el acuerdo de voluntades en virtud del cual una persona física (el trabajador) se compromete voluntariamente a prestar servicios por cuenta y dentro del ámbito de organización y dirección de otra persona física o jurídica (empresario o empleador) a cambio de una retribución (art. 1.1 y 3 ET). Por tanto, constituye el eje central del Derecho del Trabajo.

En el contrato de trabajo, a diferencia de otros órdenes jurídicos, se da una íntima conexión entre el sujeto del contrato (el trabajador) y el objeto del mismo (la prestación de la actividad laboral), en cuanto esta prestación es inseparable de la persona del trabajador. De aquí que se diga que la prestación laboral es personalísima, a diferencia de los objetos o prestaciones de la generalidad de los contratos, en que son perfectamente separables los sujetos que los conciertan y las prestaciones de dar o hacer, respecto de las que se obligan los sujetos.

3.2. Caracteres del contrato de trabajo

Desde el punto de vista de la teoría general de los contratos, podemos encontrar las siguientes características en el contrato de trabajo:

- Es un contrato bilateral, en cuanto genera obligaciones para ambas partes.
- Es oneroso, en cuanto supone que cada parte (trabajador y empresario), experimenta una carga o sacrificio, con la prestación a la que se obliga.

– Tiene carácter sinalagmático, dado el carácter recíproco de las prestaciones que regula, de modo que cada prestación actúa como presupuesto necesario de su recíproca.

– Es conmutativo, en cuanto cada parte, al contratar, tiene como ciertas las prestaciones a las que se obliga.

– Es un contrato de tracto sucesivo o de ejecución continuada, en cuanto sus efectos no se agotan en el mismo acto del contrato, sino que se prolongan y dilatan en el tiempo.

– Es un contrato consensual, que se perfecciona por el mero consentimiento de las partes.

– Es un contrato dirigido, esto altera la regla contractual por cuanto el Estado fija los límites mínimos o máximos del contrato (jornada, remuneración, etc.), con el objeto de nivelar la desigualdad entre las partes.

– Es un contrato normado, porque gran parte de su contenido proviene de fuentes externas, es decir, de leyes, convenios colectivos, disposiciones administrativas, etc.

– Es un contrato intuitu contrato personalísimo respecto del trabajador.

3.3. Funcionalidad del contrato de trabajo

El contrato cumple una doble función; a saber:

– Por una parte, el contrato da vida a la relación entre ambas partes; el contrato es, así, la fuente constitutiva de la relación individual del trabajo.

– Por otra parte, el contrato fija el contenido de la relación entre las partes, cumple una función reguladora.

En su primera función, de creador de la relación jurídico-laboral, la autonomía de la voluntad de las partes es fundamental para la constitución de la relación obligacional. Esta autonomía de la voluntad pierde relevancia, en lo que se refiere a la función reguladora de los efectos de la relación, por la extensa ordenación estatal de las relaciones laborales, que, con carácter imperativo, se impone «desde fuera» a la autonomía de las partes y que es lo que se conoce como regulación heterónoma del contrato de trabajo, frente a la regulación autónoma del mismo, que son las condiciones que las partes ponen voluntariamente en el acto contractual y cuyo margen de actuación es muy restringido, salvo en lo que suponga mejora de las condiciones de trabajo, fijadas en las normas legales o de contratación colectiva.

Así, El artículo 3-1 del Estatuto de los Trabajadores establece que »Los derechos y deberes concernientes a la relación laboral se regulan por las disposiciones legales y reglamentarias del Estado, en primer lugar; por los convenios colectivos, en segundo, y, sólo en defecto de los anteriores, por la voluntad de las partes manifestada en el contrato de trabajo».

La regulación de la relación que las partes pueden acordar en el contrato de trabajo se supedita, además, a que su objeto sea lícito, y sin que, en ningún caso, puedan establecerse, en perjuicio del trabajador, condiciones menos favorables o contrarias a las disposiciones legales y convenios colectivos, por tanto, sólo quedan reservados al contrato de trabajo, en su aspecto regulador de la relación laboral, la mejora o elevación de las condiciones de trabajo, fijadas ya imperativamente en leyes y convenios colectivos.

3.4. Elementos del contrato de trabajo

3.4.1. Objeto

Por objeto de un contrato entenderemos la sustancia económica (bienes o utilidades) que están bajo la voluntad de las partes. En el caso del contrato de trabajo es evidente que su objeto es, por una parte, el trabajo prestado en determinadas condiciones (personal, voluntario, dependiente y por cuenta ajena) y por otra el salario.

El objeto del contrato de trabajo, como el de los demás contratos, ha de ser posible (tanto objetiva como subjetivamente), lícito y determinado (o, al menos, determinable). Así:

– Debe ser posible tanto objetivamente (puesto que no se puede contratar un trabajo intrínsecamente imposible) como subjetivamente (ya que el trabajador debe tener la aptitud necesaria para realizar el trabajo convenido, antes de la celebración del contrato o durante la vida del mismo).

– Debe ser lícito y no contrariar la ley ni las buenas costumbres.

– Debe ser determinable: mediante el encuadramiento del servicio prestado en la categoría profesional correspondiente y, además, a través de las órdenes e instrucciones precisas que durante la vida del contrato efectúa el empresario.

También son aquí de aplicación los principios del Código Civil (artículo 2.2) válidos para todo el Ordenamiento: La norma deja de estar en vigor por la llegada del término previsto en la propia disposición (como ocurre en los convenios colectivos) o por derogación expresa o tácita por otra norma posterior.

3.4.2. Causa

Es la razón de contratar, la función económico-social del negocio querida por el ordenamiento jurídico para ese tipo de contratos.

La causa del contrato de trabajo es la función económica y social del negocio, es decir el intercambio de trabajo por salario con el objeto de producir bienes y servicios, y de servir a un fin social. En el caso del contrato de trabajo la causa sería la voluntad de cambio entre trabajo y salario, ordenada a la producción de bienes y servicios.

3.4.3. Consentimiento

El consentimiento prestado por las partes, empresario y trabajador, debe estar libre de vicios (error, violencia, intimidación, dolo, reserva mental...) y además, de acuerdo con la capacidad de obrar antes indicada.

3.4.4. La forma del contrato de trabajo

El contrato de trabajo se puede celebrar de forma verbal o escrita, es decir impera con carácter general el principio de libertad de forma. Es más, se presume que cuando se produce el intercambio de trabajo por salario existe contrato de trabajo (art. 8.1 ET).

Dicho esto, hay que precisar que se exige forma escrita para determinados contratos laborales, dadas sus particularidades de duración, control de algunos extremos, etc. Estos contratos que deben formalizarse por escrito son, según el ET y demás normas de aplicación. Estos son los de prácticas y para la formación y el aprendizaje, los contratos a tiempo parcial, fijos-discontinuos y de relevo y los contratos por tiempo determinado cuya duración sea superior a cuatro semanas. Asimismo, los contratos de trabajo de los pescadores, de los trabajadores que trabajen a distancia y de los trabajadores contratados en España al servicio de empresas españolas en el extranjero.

Las consecuencias de incumplir la exigencia de forma escrita serán que se presumirá celebrado el contrato por tiempo indefinido y a jornada completa, salvo prueba en contrario que acredite su naturaleza temporal o el carácter a tiempo parcial de los servicios (presunción contenida en el art. 8.2 ET, *in fine*).

TEMA 4

MODALIDADES CONTRACTUALES

1. El periodo de prueba

El periodo de prueba es el tiempo concertado por el trabajador y el empresario durante el cual, cualquiera de ellos puede dar por finalizada la relación laboral sin preaviso, sin necesidad de alegar ninguna causa y sin derecho a indemnización.

El art. 14.1 del ET establece que «Podrá concertarse por escrito un período de prueba, con sujeción a los límites de duración que, en su caso, se establezcan en los Convenios Colectivos. En defecto de pacto en Convenio, la duración del período de prueba no podrá exceder de seis meses para los técnicos titulados, ni de dos meses para los demás trabajadores. En las empresas de menos de veinticinco trabajadores el período de prueba no podrá exceder de tres meses para los trabajadores que no sean técnicos titulados. En el supuesto de los contratos temporales de duración determinada del artículo 15 concertados por tiempo no superior a seis meses, el periodo de prueba no podrá exceder de un mes, salvo que se disponga otra cosa en convenio colectivo».

Puede pactarse la supresión del periodo de prueba o el establecimiento de periodos inferiores a los fijados legalmente, sin embargo, no podrá establecerse en el contrato un periodo de prueba por tiempo superior a los establecidos en el convenio colectivo.

Tiene como finalidad, en el caso del empresario, comprobar si el trabajador está o no capacitado para desarrollar el trabajo para el que ha sido contratado, y en el caso del trabajador, permite conocer las condiciones en las que se va a desarrollar su trabajo.

Si el trabajador ya ha desempeñado con anterioridad para la empresa las mismas funciones para las que se le contrata nuevamente, el pacto de periodo de prueba será nulo.

El artículo 14 en su apartado 2 dice lo siguiente: «Durante el período de prueba, el trabajador tendrá los derechos y obligaciones correspondientes al puesto de trabajo que desempeñe como si fuera de plantilla, excepto los derivados de la resolución de la relación laboral, que podrá producirse a instancia de cualquiera de las partes durante su transcurso».

Concluye la regulación del periodo de prueba con lo establecido en el artículo 14.3. que estipula que «transcurrido el período de prueba sin que se haya producido el desistimiento, el contrato producirá plenos efectos, computándose el tiempo de los servicios prestados en la antigüedad del trabajador en la empresa. Las situaciones de incapacidad temporal, maternidad, y adopción o acogimiento, que afecten al trabajador durante el período de prueba, interrumpen el cómputo del mismo siempre que se produzca acuerdo entre ambas partes».

2. Clases y modalidades de contrato de trabajo en orden a su duración

Según el tiempo de duración del contrato de trabajo éste se clasifica en contrato de trabajo de duración indefinida (o fijo) y contrato de trabajo de duración determinada (o temporal).

El factor tiempo, en el contrato de trabajo, es fundamental ya que estamos ante un contrato de ejecución continuada: El tiempo fija la duración de la relación jurídica e incide también en la tipología del contrato de trabajo, de tal manera que la distinta configuración temporal de la relación de trabajo dará lugar a la construcción de diversos tipos contractuales.

Esa duración puede ser:

- Determinada: contrato temporal (= de duración determinada).
- Indefinida: contrato fijo (= de duración indefinida).

Ahora bien, ¿de qué depende la duración del contrato de trabajo y el que el sistema de relaciones laborales admita contratos de duración determinada o se decante por el contrato indefinido. Nuestro ordenamiento jurídico laboral ha sufrido a lo largo de su historia una evolución en cuanto a este tema de la duración del contrato de trabajo. A grandes rasgos, se han vivido sucesivos momentos:

- Libertad de los contratantes: en un principio imperó la libertad de los contratantes que podían determinar sin límites la duración del contrato.

- Principio de causalidad: con el tiempo se contempla el hecho de que la duración del trabajo a desarrollar y las necesidades de mano de obra en la empresa, sea temporal o fija, puedan determinar que, en correspondencia, haya tipos de contratos de duración indefinida o temporal, según que obedezcan a ciertas causas de temporalidad. Es decir, cada contrato de trabajo debe responder a una causa o finalidad tasadas y descritas por la propia ley.

- Crisis económica: es necesario establecer medidas para el fomento del empleo, lo que lleva a la liberalización de la contratación temporal y a un auge importante de la misma debido a la creación del contrato temporal para fomento del empleo que contribuyó a la precarización de las relaciones laborales (1984).

- Sistema vigente: la redacción actual del art. 15 ET implica una vuelta al principio de causalidad, según el cual sólo se admite la contratación temporal en los supuestos legalmente previstos.

Dado el carácter protector del derecho laboral, cuando el artículo 15 del ET establece que «el contrato de trabajo podrá concertarse por tiempo indefinido o por una duración determinada», lo hace admitiendo la opción, pero exclusivamente dentro de las posibilidades prefijadas por la ley. Las posibilidades de elección quedan sujetas a las que las disposiciones legales ofrecen, hasta el punto de que los contratos indebidamente concertados como temporales se reputarán como indefinidos (art. 15.4. ET).

Por lo tanto, la ley muestra en diversas ocasiones como la contratación de duración indefinida es considerada con carácter general como la preferible, prima la estabilidad en el empleo. De forma que, para recurrir a la contratación temporal, es precisa una causa o justificación.

Así, el contrato de duración determinada o temporal es aquel en el que las partes incluyen, en el momento de su celebración, previsiones sobre la extinción del negocio jurídico, ya sea estableciendo un plazo, ya sea estableciendo un término final, una condición resolutoria o cualquier otra circunstancia que produzca su terminación.

Cuando el legislador diversifica el régimen aplicable a diversos contratos temporales (así, en los contratos de trabajo temporales del artículo 15 o los contratos formativos del artículo 11) suele tener en cuenta diversas razones:

- En ocasiones, se entiende que la necesidad productiva que motiva la contratación va a durar un plazo de tiempo relativamente corto, por lo que carece de sentido la contratación indefinida (así ocurre en los contratos por circunstancias de la producción del artículo 15).

- En determinados momentos históricos también se considera o se autoriza la contratación temporal, en función de las dificultades, por razones de fomento del empleo, para propiciar que se concierte un mayor número de contratos.

- Se ha venido también regulando en nuestro derecho, aquellos supuestos en los que la contratación tiene como finalidad, además de resolver necesidades productivas, la de solucionar las carencias formativas del trabajador (los contratos formativos).

De este modo, rige en nuestro derecho laboral, con carácter genérico, el principio de estabilidad en el empleo, de manera que las necesidades permanentes de la empresa se cubrirán a través de contratos concertados por tiempo indefinido, relegando la contratación temporal a la atención de necesidades ocasionales, admitida, pero con la condición de que posea una justificación o causa distinta del mero acuerdo de las partes. Por eso muchas veces, para referirse a los contratos temporales, los autores utilizan la expresión contratos temporales causales.

2.1. Contrato de duración indefinida

Respecto de los contratos de duración indefinida, el régimen legal se configura diferenciando entre:

- El contrato ordinario
- Aquellos otros que por dirigirse a determinados colectivos o por establecerse como medida de fomento del empleo son incentivados por los poderes públicos mediante el establecimiento de determinados beneficios o características.

Será por tiempo indefinido aquel contrato en el que no se fija término final predeterminado, de forma que las partes desconocen *a priori* la duración de la relación laboral.

Del artículo 8 del Estatuto de los Trabajadores podemos deducir que el contrato de trabajo, si no se especifica otra cosa, será por tiempo indefinido. La duración determinada no se presume, sino que se ha de probar.

Además, los contratos que adopten la duración determinada para eludir, de forma fraudulenta, el régimen que corresponde a los indefinidos se reputará de duración indefinida (artículo 15.3 ET) Además, esa utilización fraudulenta o irregular constituye infracción administrativa grave.

En este tipo de contratos, caso de extinción de la relación laboral por despido reconocido o declarado improcedente, el trabajador tendrá derecho a una indemnización consistente en 33 días por año de servicio, prorrateándose por meses los períodos de tiempo inferiores a un año hasta un máximo de 24 mensualidades. Cuando se trate de un despido improcedente de un contrato formalizado con anterioridad a la entrada en vigor del Real Decreto Ley 3/2012, de 10 de febrero se calculará a razón de 45 días de salario por año de servicio por el tiempo de prestación de servicios anterior a dicha fecha de entrada en vigor, y a razón de 33 días de salario por año de servicio por el tiempo de prestación de servicios posterior.

El importe indemnizatorio no podrá ser superior a 720 días de salario, salvo que el cálculo de la indemnización por el periodo anterior a la entrada en vigor del Real decreto Ley 3/2012, resultase un número de días superior, en cuyo caso se aplicará éste como importe máximo, sin que dicho importe pueda, en ningún caso, ser superior a 42 mensualidades.

2.1.1. Contrato fijo-discontinuo

Este contrato también ha sido objeto de reforma a través del Real Decreto-Ley 32/2021, de 28 de diciembre, de medidas urgentes para la reforma laboral, la garantía de la estabilidad en el empleo y la transformación del mercado de trabajo

El trabajo fijo discontinuo es el que se realiza de modo cíclico e intermitente. Este tipo de contrato, regulado por el artículo 16 ET, según el objeto o la naturaleza de los trabajos realizados, de carácter estacional o vinculados a actividades productivas de temporada, o para el desarrollo de aquellos que no tengan dicha naturaleza pero que, siendo de prestación intermitente, tengan periodos de ejecución ciertos, determinados o indeterminados.

Las características que envuelve a esta modalidad contractual son:

   – Es un contrato indefinido, no un contrato temporal.

- Tiene fecha de inicio, pero no de finalización.
- El trabajador forma parte de la plantilla fija de la empresa.
- El trabajador desarrolla su actividad de forma discontinua.
- El trabajador fijo discontinuo no trabaja durante todo el año, aunque es fijo.
- Se puede contratar a jornada completa o parcial.

La empresa está obligada a llamar al trabajador cuando se inicie su actividad, según la forma (escrita) y orden de llamamientos establecidos en el convenio colectivo, o en su defecto, acuerdo de empresa, que resulte de aplicación.

Téngase en cuenta que, la falta de llamamiento se equipara al despido improcedente. La acción para demandar al empresario comienza su plazo a partir del conocimiento por el trabajador de la falta de convocatoria o desde el momento en que la conociesen.

Este contrato se deberá formalizar necesariamente por escrito en el modelo que se establezca, y en él deberá figurar una indicación sobre la duración estimada de la actividad, así como, de manera orientativa, la jornada laboral estimada y su distribución horaria.

Podrán, además, desarrollarse a través de la contratación fija-discontinua, las actividades realizadas al amparo de contratas mercantiles o administrativas (modificación del art. 16 del ET).

Igualmente podrá celebrarse un contrato fijo-discontinuo entre una empresa de trabajo temporal y una persona contratada para ser cedida, en los términos previstos en el artículo 10.3 la Ley 14/1994, de 1 de junio, por la que se regulan las empresas de trabajo temporal.

La empresa deberá trasladar a la representación legal de las personas trabajadoras, con la suficiente antelación, al inicio de cada año natural, un calendario con las previsiones de llamamiento anual, o, en su caso, semestral, así como los datos de las altas efectivas de las personas fijas discontinuas una vez se produzcan.

Los convenios colectivos de ámbito sectorial podrán establecer una bolsa sectorial de empleo en la que se podrán integrar las personas fijas-discontinuas durante los periodos de inactividad.

El trabajador fijo discontinuo desarrolla su trabajo y cobra su salario durante el periodo de actividad para el que es contratado. Cotiza a la Seguridad Social como cualquier otro trabajador: contingencias comunes, profesionales, desempleo...

Finalizado el periodo de actividad, el trabajador no trabaja ni cobra sueldo de la empresa. Asimismo, tampoco cotiza a la Seguridad Social. Tiene derecho a la prestación por desempleo siempre que cumpla los requisitos necesarios.

2.2. Contrato de duración determinada

Según lo dispuesto por el artículo 15, tras la reforma producida por el Real Decreto-Ley 32/2021, de 28 de diciembre, de medidas urgentes para la reforma laboral, la garantía de la estabilidad en el empleo y la transformación del mercado de trabajo, el contrato de trabajo se presume concertado por tiempo indefinido. Por tanto, se refuerza la presunción de fijeza del contrato y se refuerza la causalidad en la contratación temporal.

El artículo 15.1 del Estatuto recoge dos modalidades de contratación temporal:

– Por circunstancias de la producción.

– Por sustitución de la persona trabajadora

Por tanto, tan sólo podrá realizarse un contrato de trabajo de duración determinada por circunstancias de la producción o por sustitución de persona trabajadora.

Para que se entienda que concurre causa justificada de temporalidad será necesario que se especifiquen con precisión en el contrato la causa habilitante de la contratación temporal, las circunstancias concretas que la justifican y su conexión con la duración prevista.

2.2.1. Contrato por circunstancias de la producción

De acuerdo con el artículo 15.2 del Estatuto de los Trabajadores, se entenderá por circunstancias de la producción el incremento ocasional e imprevisible de la actividad y las oscilaciones, que, aun tratándose de la actividad normal de la empresa, generan un desajuste temporal entre el empleo estable disponible y el que se requiere, siempre que no respondan a los supuestos incluidos en el artículo 16.1, referido a los contratos fijos-discontinuos, de los que nos ocuparemos más adelante.

En este sentido, es preciso tener presente el citado art. 15.1.3.º, que exige que «se especifiquen con precisión en el contrato la causa habilitante de la contratación temporal, las circunstancias concretas que la justifican y su conexión con la duración prevista».

No será suficiente indicar de forma genérica la modalidad de contratación o el motivo, sino que, al exigirse las «circunstancias que justifican la contratación» y, especialmente, su «conexión» con la duración prevista, deberá ahondarse en una descripción que, hasta la fecha, no era exigida. El incumplimiento de este requisito supone, además, (a tenor del art. 15.4 ET) la declaración de fijeza.

El artículo 15.2 del Estatuto de los Trabajadores, por otra parte, se refiere a dos supuestos o circunstancias diferenciados (que vendrían a ser dos causas de temporalidad distintas):

– Circunstancias ocasionales imprevisibles

– Circunstancias ocasionales previsibles

Hay que tener en cuenta que no podrá identificarse como causa de este contrato la realización de los trabajos en el marco de contratas, subcontratas o concesiones administrativas que constituyan la actividad habitual u ordinaria de la empresa, sin perjuicio de su celebración cuando concurran las circunstancias de la producción en los términos anteriores.

A) Contrato por circunstancia de la producción imprevisible

Comprende dos supuestos: «el incremento ocasional e imprevisible de la actividad y las oscilaciones que, aun tratándose de actividad normal de la empresa, generan un desajuste temporal entre el empleo estable disponible y el que se requiere, siempre que no se trate de un supuesto de contrato fijo-discontinuo.

El concepto de «oscilación» es aplicable a las variaciones provocadas por las «vacaciones anuales» (no así para otro tipo de descansos)

En todo caso, en ambos supuestos, el número de conceptos jurídicos indeterminados es muy alto (entre otros: «incremento ocasional»; «incremento imprevisible»; «actividad normal»; «desajuste temporal»; «empleo estable disponible») por lo que cabe esperar un desarrollo reglamentario que arroje una mayor seguridad jurídica.

Cuando el contrato de duración determinada obedezca a estas circunstancias de la producción, su duración no podrá ser superior a seis meses. Por convenio colectivo de ámbito sectorial se podrá ampliar la duración máxima del contrato hasta un año. En caso de que el contrato se hubiera concertado por una duración inferior a la máxima legal o convencionalmente establecida, podrá prorrogarse, mediante acuerdo de las partes, por una única vez, sin que la duración total del contrato pueda exceder de dicha duración máxima.

B) Contrato por circunstancia de la producción previsible

El Estatuto de los Trabajadores hace referencia, en este supuesto, a los casos en que se firme este contrato para «atender situaciones ocasionales, previsibles y que tengan una duración reducida y delimitada».

Es esta una modalidad de aplicación muy restrictiva, dado que, como recoge textualmente, «Las empresas solo podrán utilizar este contrato un máximo de noventa días en el año natural, independientemente de las personas trabajadoras que sean necesarias para atender en cada uno de dichos días las concretas situaciones, que deberán estar debidamente identificadas en el contrato. Estos noventa días no podrán ser utilizados de manera continuada. Las empresas, en el último trimestre de cada año, deberán trasladar a la representación legal de las personas trabajadoras una previsión anual de uso de estos contratos»

2.2.2. Contrato por sustitución

De acuerdo con el art. 15.3. ET el contrato por sustitución puede emplearse en tres situaciones:

Para sustituir a una persona con reserva de puesto de trabajo:

En este caso, debe especificarse el nombre de la persona sustituida y la causa de la sustitución.

En relación con este supuesto, y teniendo en cuenta que el aspecto esencial de esta modalidad es que la persona sustituida tenga una reserva de puesto de trabajo la jurisprudencia ha admitido que se puede sustituir a trabajador destinado temporalmente a un puesto de trabajo con reserva del anterior. De acuerdo con la STS 1 de diciembre 2021 (rec. 122/2020), es admisible que no se ocupe el mismo puesto o las funciones que el sustituido (y también cabe la movilidad funcional del interino).

Por otra parte, la norma también prevé que «la prestación de servicios podrá iniciarse antes de que se produzca la ausencia de la persona sustituida, coincidiendo en el desarrollo de las funciones el tiempo imprescindible para garantizar el desempeño adecuado del puesto y, como máximo, durante quince días».

Para completar la jornada reducida por otra persona trabajadora cuando dicha reducción se ampare en causas legalmente establecidas o el convenio colectivo

En este supuesto debe especificarse el nombre de la persona sustituida y la causa de la sustitución.

Esta modalidad no podría emplearse en caso de ERTE por reducción de jornada, pues, el nuevo art. 47.7.d) ET, prohíbe la formalización de nuevos contratos (aunque se prevén excepciones en determinados casos).

Para la cobertura temporal de un puesto de trabajo durante el proceso de selección o promoción para su cobertura definitiva mediante contrato fijo

En este supuesto, la duración no puede ser superior a tres meses, o el plazo inferior recogido en convenio colectivo, ni puede celebrarse un nuevo contrato con el mismo objeto una vez superada dicha duración máxima.

Para el sector público, el párrafo 3.º de la DA 4.ª RD Ley 32/2021 establece que: «se podrán suscribir contratos de sustitución para cubrir temporalmente un puesto de trabajo hasta que finalice el proceso de selección para su cobertura definitiva, de acuerdo con los principios constitucionales de igualdad, mérito y capacidad y en los términos establecidos en la Ley 20/2021, de 28 de diciembre, de medidas urgentes para la reducción de la temporalidad en el empleo público»

De manera que, aunque, nada se especifica, debe entenderse que el plazo de 3 años del art. 70.1 EBEP sigue siendo válido.

2.2.3. Garantías en la contratación temporal y fraude de ley

Las personas contratadas incumpliendo lo establecido en este artículo adquieren el derecho a obtener la condición de fijas, a través de una conversación del contrato de trabajo hacia uno de carácter indefinido y jornada completa.

Así, existen una serie de situaciones en las que, salvo prueba en contrario, se considera que existe una presunción a favor del carácter indefinido de la relación laboral:

– Contratos celebrados incumpliendo las normas establecidas en el artículo 15 del ET. (Apartado 4: «Las personas contratadas incumpliendo lo establecido en este artículo adquirirán la condición de fijas»). Es decir, contratos temporales sin una causa que justifique la temporalidad el contrato frente a la contratación indefinida.

- Contratos en los que se omite la forma escrita, cuando la ley la exige: El art. 8.2 ET establece, a tal efecto, que «De no observarse tal exigencia (la forma escrita), el contrato se presumirá celebrado a jornada completa y por tiempo indefinido, salvo prueba en contrario que acredite su naturaleza temporal o el carácter a tiempo parcial de los servicios» (art. 8.2 ET).

- Ausencia de alta en la Seguridad Social: Artículo 15.4 ET «También adquirirán la condición de fijas las personas trabajadoras temporales que no hubieran sido dadas de alta en la Seguridad Social una vez transcurrido un plazo igual al que legalmente se hubiera podido fijar para el periodo de prueba».

- Contratos que continúan habiendo expirado el término máximo. «Expirada dicha duración máxima o realizada la obra o servicio objeto del contrato, si no hubiera denuncia y se continuara en la prestación laboral, el contrato se considerará prorrogado tácitamente por tiempo indefinido, salvo prueba en contrario que acredite la naturaleza temporal de la prestación» [art. 49.1.c) ET].

- Concatenación de contratos temporales (art. 15.5 ET), «Sin perjuicio de lo anterior, las personas trabajadoras que en un periodo de veinticuatro meses hubieran estado contratadas durante un plazo superior a dieciocho meses, con o sin solución de continuidad, para el mismo o diferente puesto de trabajo con la misma empresa o grupo de empresas, mediante dos o más contratos por circunstancias de la producción, sea directamente o a través de su puesta a disposición por empresas de trabajo temporal, adquirirán la condición de personas trabajadoras fijas. Esta previsión también será de aplicación cuando se produzcan supuestos de sucesión o subrogación empresarial conforme a lo dispuesto legal o convencionalmente.

Pues bien, junto a lo anterior, es preciso también indicar que se garantiza la igualdad de derechos entre personas con contratos temporales y de duración determinada. Todo ello, lógicamente, sin perjuicio de las particularidades específicas de cada una de las modalidades contractuales en materia de extinción del contrato y de aquellas expresamente previstas en la ley en relación con los contratos formativos.

Así, cuando un determinado derecho o condición de trabajo esté atribuido en las disposiciones legales o reglamentarias y en los convenios colectivos en función de una previa antigüedad de la persona trabajadora, ésta deberá computarse según los mismos criterios para todas las personas trabajadoras, cualquiera que sea su modalidad de contratación.

La empresa deberá informar a las personas con contratos de duración determinada o temporales, incluidos los contratos formativos, sobre la existencia de puestos de trabajo vacantes, a fin de garantizarles las mismas oportunidades de acceder a puestos permanentes que las demás personas trabajadoras. Esta información podrá facilitarse mediante un anuncio público en un lugar adecuado de la empresa o centro de trabajo, o mediante otros medios previstos en la negociación colectiva, que aseguren la transmisión de la información. Dicha información será trasladada, además, a la representación legal de las personas trabajadoras.

Las empresas habrán de notificar, asimismo a la representación legal de las personas trabajadoras los contratos realizados de acuerdo con las modalidades de contratación por tiempo determinado previstas en este artículo, cuando no exista obligación legal de entregar copia básica de los mismos.

Los convenios colectivos podrán establecer planes de reducción de la temporalidad, así como fijar criterios generales relativos a la adecuada relación entre el volumen de la contratación de carácter temporal y la plantilla total de la empresa, criterios objetivos de conversión de los contratos de duración determinada o temporales en indefinidos, así como fijar porcentajes máximos de temporalidad y las consecuencias derivadas del incumplimiento de los mismos.

Asimismo, los convenios colectivos podrán establecer criterios de preferencia entre las personas con contratos de duración determinada o temporales, incluidas las personas puestas a disposición.

Los convenios colectivos establecerán medidas para facilitar el acceso efectivo de estas personas trabajadoras a las acciones incluidas en el sistema de formación profesional para el empleo, a fin de mejorar su cualificación y favorecer su progresión y movilidad profesional.

En los supuestos previstos en los apartados 4 y 5, la empresa deberá facilitar por escrito a la persona trabajadora, en los diez días siguientes al cumplimiento de los plazos indicados, un documento justificativo sobre su nueva condición de persona trabajadora fija de la empresa, debiendo informar a la representación legal de los trabajadores sobre dicha circunstancia.

En todo caso, la persona trabajadora podrá solicitar, por escrito al servicio público de empleo correspondiente un certificado de los contratos de duración determinada o temporales celebrados, a los efectos de poder acreditar su condición de persona trabajadora fija en la empresa.

El Servicio Público de Empleo emitirá dicho documento y lo pondrá en conocimiento de la empresa en la que la persona trabajadora preste sus servicios y de la Inspección de Trabajo y Seguridad Social, si advirtiera que se han sobrepasado los límites máximos temporales establecidos.

3. Los contratos formativos

Los contratos formativos se instrumentan para facilitar la inserción laboral de los jóvenes y de los recién titulados, cuya falta de formación específica o inexperiencia laboral constituye siempre el más serio obstáculo para su acceso al empleo.

Con esta finalidad, de acuerdo con el reformado art. 11 ET, en su apartado 1, el «contrato formativo tendrá por objeto la formación en alternancia con el trabajo retribuido por cuenta ajena (…) o el desempeño de una actividad laboral destinada a adquirir una práctica profesional adecuada a los correspondientes niveles de estudios (…)».

3.1. Contrato de formación en alternancia

De acuerdo con el artículo 11.2 del Estatuto, será aquel que tiene por objeto «compatibilizar la actividad laboral retribuida con los correspondientes procesos formativos en el ámbito de la formación profesional, los estudios universitarios o del Catálogo de especialidades formativas del Sistema Nacional de Empleo».

3.1.1. Requisitos subjetivos

Estos contratos podrán ser firmados con personas que «carezcan de la cualificación profesional reconocida por las titulaciones o certificados requeridos para concertar un contrato formativo para la obtención de práctica profesional» (que se regula en el art. 11.3 ET).

También pueden realizarse estos contratos [párrafo 2.º del art. 11.2.a) ET] «vinculados a estudios de formación profesional o universitaria con personas que posean otra titulación siempre que no haya tenido otro contrato formativo previo en una formación del mismo nivel formativo y del mismo sector productivo».

Se establece una limitación de edad para el supuesto concreto en «que el contrato se suscriba en el marco de certificados de profesionalidad de nivel 1 y 2, y programas públicos o privados de formación en alternancia de empleo-formación, que formen parte del Catálogo de especialidades formativas del Sistema Nacional de Empleo», En este caso, «el contrato solo podrá ser concertado con personas de hasta treinta años».

No obstante, [art. 11.4.d) ET], este límite de edad no será de aplicación cuando se concierte con personas con discapacidad o con los colectivos en situación de exclusión social previstos en el art. 2 Ley 44/2007, «en los casos en que sean contratados por parte de empresas de inserción que estén cualificadas y activas en el registro administrativo correspondiente». No obstante, se emplaza al desarrollo reglamentario para adecuar estos límites a los estudios, al plan o programa formativo y al grado de discapacidad y características de estas personas.

Finalmente, el art. 11.6. ET emplaza a la negociación colectiva la fijación (obligatoria) de «criterios y procedimientos tendentes a conseguir una presencia equilibrada de hombres y mujeres vinculados a la empresa mediante contratos formativos».

3.1.2. Limitaciones a la contratación

El artículo 11.2. ET establece algunas limitaciones para la formalización de este contrato. En concreto, este contrato [párrafo 1.º art. 11.2.h) ET] sólo puede formalizarse «por cada ciclo formativo de formación profesional y titulación universitaria, certificado de profesionalidad o itinerario de especialidades formativas del Catálogo de Especialidades Formativas del Sistema Nacional de Empleo».

Lo anterior, no impide [párrafo 2.º art. 11.2.h) ET] que pueda formalizarse este contrato con varias empresas en base al mismo ciclo, certificado de profesionalidad o itinerario de especialidades del Catálogo citado, siempre que dichos contratos respondan a distintas actividades vinculadas al ciclo, al plan o al programa formativo y sin que la duración máxima de todos los contratos pueda exceder el límite temporal [dos años, art. 11.2.g) ET].

En estos supuestos, la empresa deberá trasladar a la representación legal de las personas trabajadoras toda la información de la que disponga al respecto de dichas contrataciones [párrafo 2.º del art. 11.5 ET].

En paralelo, se impide [art. 11.2.j) ET] la formalización de este contrato «cuando la actividad o puesto de trabajo correspondiente al contrato haya sido desempeñado con anterioridad por la persona trabajadora en la misma empresa bajo cualquier modalidad por tiempo superior a seis meses».

Para complementar esta regla, se prevé la posibilidad de que (art. 11.7 ET) las empresas soliciten «por escrito al servicio público de empleo competente, información relativa a si las personas a las que pretenden contratar han estado previamente contratadas bajo dicha modalidad y la duración de estas contrataciones. Dicha información deberá ser trasladada a la representación legal de las personas trabajadoras y tendrá valor liberatorio a efectos de no exceder la duración máxima de este contrato».

El art. 11.4.e) ET emplaza al convenio colectivo de ámbito sectorial estatal, autonómico o, en su defecto, en los convenios colectivos sectoriales de ámbito inferior, que determinen (si así lo estiman) los «puestos de trabajo, actividades, niveles o grupos profesionales que podrán desempeñarse por medio de contrato formativo».

Las empresas que estén aplicando algunas de las medidas de flexibilidad interna reguladas en los artículos 47 y 47 bis ET podrán concertar contratos formativos siempre que las personas contratadas bajo esta modalidad no sustituyan funciones o tareas realizadas habitualmente por las personas afectadas por las medidas de suspensión o reducción de jornada [art. 11.4.f) ET].

3.1.3. Régimen de la prestación de la actividad laboral

La actividad desarrollada en el marco de este contrato tiene un propósito eminentemente formativo que determina el régimen jurídico de la prestación.

En primer lugar, la actividad estará directamente relacionada con las actividades formativas que justifican la contratación laboral, coordinándose e integrándose en un programa de formación común, elaborado en el marco de los acuerdos y convenios de cooperación suscritos por las autoridades laborales o educativas de formación profesional o Universidades con empresas y entidades colaboradoras.

A tal efecto, la empresa debe poner en conocimiento de la representación de los trabajadores, «los acuerdos de cooperación educativa o formativa que contemplen la contratación formativa, incluyendo la información relativa a los planes o programas formativos individuales» (párrafo 1.º del art. 11.5 ET).

En segundo lugar, los centros de formación profesional, las entidades formativas acreditadas o inscritas y los centros universitarios, en el marco de los acuerdos y convenios de cooperación, deben [art. 11.2.e) ET] elaborar con la participación de la empresa, «los planes formativos individuales donde se especifique el contenido de la formación, el calendario y las actividades y los requisitos de tutoría para el cumplimiento de sus objetivos».

En tercer lugar, se exige [art. 11.2.f) ET] que el objeto de la prestación consista tanto en la formación teórica como prácticas dispensadas por el centro o entidad de formación y la empresa.

Se remite a un futuro desarrollo reglamentario el desarrollo de aspectos como el sistema de impartición y las características de la formación, así como lo relacionado con la financiación de la actividad formativa.

3.1.4. Requisitos formales

El contrato [11.4.c) ET] debe formalizarse por escrito, de conformidad con lo establecido en el artículo 8, incluyendo obligatoriamente el texto del plan formativo individual al que se refieren los epígrafes b), c), d), e), g), h) y k) del art. 11.2. ET, en el que se especifiquen el contenido de las prácticas o la formación y las actividades de tutoría para el cumplimiento de sus objetivos. Igualmente, incorporará el texto de los acuerdos y convenios a los que se refiere el apartado 2.e) del art. 11 ET.

En virtud del art. 11.4.i) ET se emplaza al desarrollo reglamentario los requisitos que deben cumplirse para la celebración de los mismos, tales como el número de contratos por tamaño de centro de trabajo, las personas en formación por tutor o tutora, o las exigencias en relación con la estabilidad de la plantilla.

3.1.5. Duración y periodo de prueba

La duración del contrato [art. 11.2.g) ET] será la prevista en el correspondiente plan o programa formativo, con un mínimo de tres meses y un máximo de dos años, y podrá desarrollarse al amparo de un solo contrato de forma no continuada, a lo largo de diversos periodos anuales coincidentes con los estudios, de estar previsto en el plan o programa formativo.

Para el caso de que se haya formalizado por una duración inferior a la máxima legal establecida y no se hubiera obtenido el título, certificado, acreditación o diploma asociado al contrato formativo, podrá prorrogarse mediante acuerdo de las partes, hasta la obtención de dicho título, certificado, acreditación o diploma sin superar nunca la duración máxima de dos años.

En todo caso, como se prevé en el art. 11.4.b) ET, «Las situaciones de incapacidad temporal, nacimiento, adopción, guarda con fines de adopción, acogimiento, riesgo durante el embarazo, riesgo durante la lactancia y violencia de género interrumpirán el cómputo de la duración del contrato».

La duración máxima (como ocurría con el límite de edad) no será de aplicación cuando se concierte con personas con discapacidad o con los colectivos en situación de exclusión social previstos en el art. 2 Ley 44/2007, «en los casos en que sean contratados por parte de empresas de inserción que estén cualificadas y activas en el registro administrativo correspondiente».

No podrá establecerse periodo de prueba en estos contratos [art. 11.2.l) ET].

Y, en virtud del art. 11.4.g) ET, si al término del contrato la persona continuase en la empresa, no podrá concertarse un nuevo periodo de prueba, computándose la duración del contrato formativo a efectos de antigüedad en la empresa.

3.1.6. Jornada

El tiempo de trabajo efectivo, que habrá de ser compatible con el tiempo dedicado a las actividades formativas en el centro de formación, no podrá ser superior al 65 por ciento, durante el primer año, o al 85 por ciento, durante el segundo, de la jornada máxima prevista en el convenio colectivo de aplicación en la empresa, o, en su defecto, de la jornada máxima legal [art. 11.2.i) ET].

Se prohíbe la realización de horas complementarias y de horas extraordinarias, salvo en el supuesto previsto en el artículo 35.3. ET. Tampoco podrán realizar trabajos nocturnos ni trabajo a turnos [párrafo 1.º art. 11.2.k) ET].

Excepcionalmente, podrán realizarse actividades laborales en los citados periodos cuando las actividades formativas para la adquisición de los aprendizajes previstos en el plan formativo no puedan desarrollarse en otros periodos, debido a la naturaleza de la actividad [párrafo 2.º art. 11.2.k) ET].

3.1.7. Régimen retributivo

La retribución [según el art. 11.2.m) ET] será la establecida para estos contratos en el convenio colectivo de aplicación.

En su defecto, la retribución no podrá ser inferior al sesenta por ciento el primer año ni al setenta y cinco por ciento el segundo, respecto de la fijada en convenio para el grupo profesional y nivel retributivo correspondiente a las funciones desempeñadas, en proporción al tiempo de trabajo efectivo.

En ningún caso la retribución podrá ser inferior al SMI en proporción al tiempo de trabajo efectivo.

3.1.8. Los tutores

El contrato de formación en alternancia prevé [art. 11.2.d) ET] la existencia de dos tutores: el del centro o entidad de formación y el designado por la empresa.

En el caso del de la empresa, se exige que cuente «con la formación o experiencia adecuadas para tales tareas, tendrá como función dar seguimiento al plan formativo individual en la empresa, según lo previsto en el acuerdo de cooperación concertado con el centro o entidad formativa.

Por otra parte, el centro o entidad formativa tiene la obligación de garantizar la coordinación con la persona tutora en la empresa.

Además, la empresa debe poner en conocimiento de la RLT los requisitos y las condiciones en las que se desarrollará la actividad de tutorización (párrafo 1.º del art. 11.5 ET).

3.2. El contrato formativo para la obtención de la práctica profesional adecuada al nivel de estudios

El contrato para la obtención de la práctica profesional es el equivalente al conocido anteriormente como «contrato en prácticas», y puede formalizarse con quienes [art. 11.3ª) ET] «estuviesen en posesión de un título universitario o de un título de grado medio o superior, especialista, máster profesional o certificado del sistema de formación profesional, de acuerdo con lo previsto en la Ley Orgánica 5/2002, de 19 de junio, de las Cualificaciones y de la Formación Profesional, así como con quienes posean un título equivalente de enseñanzas artísticas o deportivas del sistema educativo, que habiliten o capaciten para el ejercicio de la actividad laboral».

Este contrato tiene como finalidad la prestación de un trabajo retribuido que facilita al trabajador una práctica profesional adecuada a su nivel de estudios. Se exige que exista adecuación entre los estudios cursados y el puesto de trabajo objeto del contrato.

3.2.1. Requisitos subjetivos

Este contrato habrá de «concertarse dentro de los tres años, o de los cinco años si se concierta con una persona con discapacidad, siguientes a la terminación de los correspondientes estudios».

Se prohíbe [art. 11.3.b) ET] la suscripción con aquellas personas que ya hayan «obtenido experiencia profesional o realizado actividad formativa en la misma actividad dentro de la empresa por un tiempo superior a tres meses, sin que se computen a estos efectos los periodos de formación o prácticas que formen parte del currículo exigido para la obtención de la titulación o certificado que habilita esta contratación.

El nuevo art. 11.6 ET emplaza a la negociación colectiva la fijación (obligatoria) de «criterios y procedimientos tendentes a conseguir una presencia equilibrada de hombres y mujeres vinculados a la empresa mediante contratos formativos».

3.2.2. Limitaciones a la contratación

Ninguna persona podrá ser contratada en la misma o distinta empresa por tiempo superior a los máximos previstos en el apartado anterior en virtud de la misma titulación o certificado profesional. Tampoco se podrá estar contratado en formación en la misma empresa para el mismo puesto de trabajo por tiempo superior a los máximos previstos en el apartado anterior, aunque se trate de distinta titulación o distinto certificado.

A los efectos de este artículo, los títulos de grado, máster y doctorado correspondientes a los estudios universitarios no se considerarán la misma titulación, salvo que al ser contratado por primera vez mediante un contrato para la realización de práctica profesional la persona trabajadora estuviera ya en posesión del título superior de que se trate.

En virtud del art. 11.4.e) ET, se emplaza al convenio colectivo de ámbito sectorial estatal, autonómico o, en su defecto, en los convenios colectivos sectoriales de ámbito inferior, que determinen (si así lo estiman) los puestos de trabajo, actividades, niveles o grupos profesionales que podrán desempeñarse por medio de contrato formativo.

Las empresas que estén aplicando algunas de las medidas de flexibilidad interna reguladas en los artículos 47 y 47 bis ET podrán concertar contratos formativos siempre que las personas contratadas bajo esta modalidad no sustituyan funciones o tareas realizadas habitualmente por las personas afectadas por las medidas de suspensión o reducción de jornada [art. 11.4.f) ET].

3.2.3. Régimen de la prestación de la actividad laboral

El puesto de trabajo deberá permitir la obtención de la práctica profesional adecuada al nivel de estudios o de formación objeto del contrato. La empresa elaborará el plan formativo individual en el que se especifique el contenido de la práctica profesional, y asignará tutor o tutora que cuente con la formación o experiencia adecuadas para el seguimiento del plan y el correcto cumplimiento del objeto del contrato.

A la finalización del contrato la persona trabajadora tendrá derecho a la certificación del contenido de la práctica realizada.

El nuevo art. 11.3 ET emplaza al desarrollo reglamentario la determinación del «alcance de la formación correspondiente al contrato de formación para la obtención de prácticas profesionales, particularmente, en el caso de acciones formativas específicas dirigidas a la digitalización, la innovación o la sostenibilidad.

Es importante tener en cuenta que la empresa debe poner en conocimiento de la representación de los trabajadores «los acuerdos de cooperación educativa o formativa que contemplen la contratación formativa, incluyendo la información relativa a los planes o programas formativos individuales» (párrafo 1.º del art. 11.5 ET).

No pueden realizarse horas extraordinarias, salvo en el supuesto previsto en el artículo 35.3 ET [art. 11.3.h) ET].

3.2.4. Requisitos formales

El contrato debe formalizarse por escrito, de conformidad con lo establecido en el artículo 8, incluyendo obligatoriamente el texto del plan formativo individual al que se refieren los epígrafes e) y f) del art. 11.3 ET, en el que se especifiquen el contenido de las prácticas o la formación y las actividades de tutoría para el cumplimiento de sus objetivos.

3.2.5. Duración y periodo de prueba

No puede ser inferior a seis meses ni exceder de un año [art. 11.3.c) ET]. Dentro de estos límites, «los convenios colectivos de ámbito sectorial estatal o autonómico, o en su defecto, los convenios colectivos sectoriales de ámbito inferior podrán determinar su duración, atendiendo a las características del sector y de las prácticas profesionales a realizar».

En todo caso, como se prevé en el art. 11.4.b) ET, «Las situaciones de incapacidad temporal, nacimiento, adopción, guarda con fines de adopción, acogimiento, riesgo durante el embarazo, riesgo durante la lactancia y violencia de género interrumpirán el cómputo de la duración del contrato».

La duración máxima no será de aplicación cuando se concierte con personas con discapacidad o con los colectivos en situación de exclusión social previstos en el art. 2 Ley 44/2007, «en los casos en que sean contratados por parte de empresas de inserción que estén cualificadas y activas en el registro administrativo correspondiente». No obstante, se emplaza al desarrollo reglamentario para adecuar estos límites a «los estudios, al plan o programa formativo y al grado de discapacidad y características de estas personas».

Se podrá establecer un periodo de prueba que, en ningún caso podrá exceder de un mes, salvo lo dispuesto en convenio colectivo [art. 11.3.e) ET].

Y, en virtud del art. 11.4.g) ET, si al término del contrato la persona continuase en la empresa, no podrá concertarse un nuevo periodo de prueba, computándose la duración del contrato formativo a efectos de antigüedad en la empresa.

3.2.6. Régimen retributivo

La retribución por el tiempo de trabajo efectivo será la fijada en el convenio colectivo aplicable en la empresa para estos contratos o en su defecto la del grupo profesional y nivel retributivo correspondiente a las funciones desempeñadas [art. 11.3.i) ET].

En ningún caso, la retribución podrá ser inferior a la retribución mínima establecida para el contrato para la formación en alternancia ni al SMI en proporción al tiempo de trabajo efectivo [art. 11.3.i) ET].

4. Otros tipos contractuales

4.1. Contrato a tiempo parcial

El contrato a tiempo parcial, tanto en su configuración más conocida —en la que se hace un porcentaje de la jornada habitual— como en la menos utilizada —se contrata por un número de horas inferior al de la jornada anual y estas se distribuyen de forma irregular durante el año según las necesidades de la empresa—, constituye una herramienta interesante tanto para el ajuste de las necesidades de la fuerza de trabajo de la empresa como para aquellos trabajadores que no encuentran otro tipo de mecanismos de conciliación de la vida personal, familiar y laboral, o que tienen algún condicionante de salud o estudios que les impide ocuparse realmente durante una jornada completa.

Según establece el artículo 12 ET, el contrato de trabajo se entenderá celebrado a tiempo parcial cuando se haya acordado la prestación de servicios durante un número de horas al día, a la semana, al mes o al año inferior a la jornada de trabajo de un trabajador a tiempo completo comparable. Se entenderá por trabajador a tiempo completo comparable a un trabajador a tiempo completo de la misma empresa y centro de trabajo, con el mismo tipo de contrato de trabajo y que realice un trabajo idéntico o similar. Si en la empresa no hubiera ningún trabajador comparable a tiempo completo, se considerará la jornada a tiempo completo prevista en el convenio colectivo de aplicación o, en su defecto, la jornada máxima legal.

Puede concertarse por tiempo indefinido o por duración determinada; en este último caso se podrá acoger a cualquier modalidad contractual, a excepción del contrato de formación.

El artículo 12 ET insiste en dos notas del trabajo a tiempo parcial, esto es, la igualdad de derechos del trabajador respecto del trabajo a tiempo completo, sin perjuicio de su aplicación proporcional, de ciertos conceptos, como el salario, las vacaciones, etc., y la voluntariedad en la realización del trabajo a tiempo parcial, es decir, sólo podrá contratarse a tiempo parcial mediante acuerdo, por lo que no se podrá pasar de un contrato a tiempo completo a tiempo parcial, si no existe éste acuerdo, ni siquiera cuando se trate de las modificaciones sustanciales de las condiciones de trabajo establecidas en el art. 41 del ET.

Por otro lado, se reconoce el derecho preferente del trabajador que lleve al menos tres años en la empresa trabajando en dicha modalidad, a cubrir vacante a tiempo completo en su grupo o categoría equivalente, así como también la conversión de contrato a tiempo completo en contrato a tiempo parcial, siempre que el trabajador lo desee y haya vacante, para lo que el empresario deberá notificar a sus trabajadores sobre la existencia de vacantes, y una vez producida ésta y solicitada la conversión por el trabajador la conversión de su contrato, el empresario sólo se podrá negar a dicha petición motivando por escrito su decisión.

Los trabajadores a tiempo parcial no podrán realizar horas extraordinarias (salvo los supuestos del artículo 35.3.). Por otro lado, el art. 12 del ET introduce las denominadas horas complementarias, adicionales a las ordinarias al contrato a tiempo parcial. Se considerarán horas complementarias aquéllas cuya posibilidad de realización haya sido acordada como adición a las horas ordinarias pactadas en el contrato a tiempo parcial. La realización de horas complementarias exigirá un pacto escrito específico respecto al contrato. Sólo se podrán formalizar en el caso de contratos a tiempo parcial con jornada no inferior a diez horas semanales (en cómputo anual) y no podrán exceder del 30 % de las horas ordinarias de trabajo objeto del contrato. Los convenios colectivos de ámbito sectorial podrán fijar porcentajes distintos sin que en ningún caso se supere el 60 % de las horas ordinarias contratadas. En todo caso, la suma de las horas ordinarias y las complementarias no excederá del límite legal del contrato de trabajo a tiempo parcial. Estas horas se retribuirán como ordinarias.

Con independencia del pacto, el empresario podrá ofrecer la realización voluntaria de horas complementarias adicionales, hasta el 15 % de las horas ordinarias, ampliables hasta un 30 % por convenio colectivo. En todo caso, el trabajador conocerá el día y hora de realización de horas complementarias pactadas con un preaviso mínimo de tres días (que, por convenio, podrá ser inferior).

La jornada se registrará día a día y se totaliza mensualmente, entregando copia al trabajador junto con el recibo de salarios.

Finalmente, el contrato de trabajo a tiempo parcial deberá de formalizarse por escrito, de acuerdo con el modelo oficial, debiendo mencionar el número de horas ordinarias y su concreción y distribución diaria, semanal, mensual o anual, así como el modo de su distribución. La omisión de la forma dará lugar a una presunción de contrato a tiempo completo.

4.2. Contrato de relevo y jubilación parcial

Es el que se concierta con un trabajador en situación de desempleo o que tuviera concertado con la empresa un contrato de duración determinada, para sustituir parcialmente a un trabajador de la empresa que accede a la pensión de jubilación de forma parcial, pues la percibe simultáneamente con la realización de un trabajo a tiempo parcial en la misma empresa.

Para celebrar este contrato, deberán tenerse en cuenta las modificaciones operadas en el régimen de jubilación parcial reguladas en el Real Decreto-ley 5/2013, de 15 de marzo, de medidas para favorecer la continuidad de la vida laboral de los trabajadores de mayor edad y promover el envejecimiento activo, y sus normas transitorias.

En todo caso, la estructura básica de este contrato está integrada por dos elementos:

– Un trabajador que reúne las condiciones para obtener pensión contributiva de jubilación (según el artículo 161.1.a) y la disposición transitoria vigésima de la Ley General de la Seguridad Social) que pacta con su empresario la conversión de su contrato en otro a tiempo parcial, reduciendo su jornada y salario de un 25 a un 75 %, y completando la reducción salarial con la pensión.

– La jornada que queda vacante es cubierta por un desempleado o trabajador temporal de la empresa, contratado al efecto mediante el contrato de relevo, que cubrirá necesariamente el tiempo parcial liberado por el jubilado anticipado, pero que también se puede celebrar a tiempo completo.

La duración del contrato será indefinida o como mínimo igual a la del tiempo que falta al trabajador sustituido para alcanzar la edad de jubilación. Si, al cumplir dicha edad, el trabajador jubilado parcialmente continuase en la empresa, el contrato de relevo que se hubiera celebrado por duración determinada podrá prorrogarse mediante acuerdo de las partes por períodos anuales, extinguiéndose en todo caso al finalizar el período correspondiente al año en el que se produzca la jubilación total del trabajador relevado.

Cuando el contrato de relevo se concierte a jornada completa y duración indefinida, con una reducción máxima del 75 por cien de la jornada y del salario del trabajador jubilado parcialmente, deberá alcanzar, al menos, una duración igual al resultado de sumar 2 años al tiempo que le falte al trabajador sustituido para alcanzar la edad de jubilación a que se refiere el artículo 161.1.a) y la disposición transitoria vigésima de la Ley General de la Seguridad Social (67 o 65 años de edad cuando se acrediten 38 años y 6 meses de cotización, conforme a la tabla de aplicación paulatina de la edad de jubilación). En este caso, si el contrato se extingue antes de alcanzar la duración mínima indicada, el empresario estará obligado a celebrar un nuevo contrato en los mismos términos del extinguido, por el tiempo restante.

En el caso del trabajador jubilado parcialmente después de haber alcanzado la edad de jubilación, la duración del contrato de relevo que podrá celebrar la empresa para sustituir la parte de jornada dejada vacante por el mismo podrá ser indefinida o anual. En este segundo caso, el contrato se prorrogará automáticamente por períodos anuales, extinguiéndose en la forma señalada anteriormente.

Podrá celebrarse a jornada completa o a tiempo parcial. En todo caso, la duración de la jornada deberá ser, como mínimo, igual a la reducción de la jornada acordada por el trabajador sustituido, que deberá estar comprendida entre un mínimo del 25 y un máximo del 75 por 100 cuando el contrato de relevo se celebre a jornada completa y duración.

TEMA 5

ESTATUTO JURÍDICO DE TRABAJADOR Y EMPRESARIO

1. El trabajador

1.1. Deberes del trabajador

En primer lugar, se analizará el estatuto jurídico del trabajador, es decir el conjunto de derechos y deberes que, una vez celebrado el contrato de trabajo, constituyen su posición de crédito (acreedor) y su posición de débito (deudor). Cabe destacar que, siendo el contrato de trabajo fuente de una relación jurídica sinalagmática y onerosa, las posiciones de crédito y débito de las partes se corresponden bilateralmente: el crédito del trabajador coincide con el débito del empresario y viceversa. Así, por ejemplo, si el trabajador una vez suscrito el contrato de trabajo se convierte en deudor y tiene como deber u obligación principal trabajar (obligación de trabajar, arts. 1.1. y 20.1 ET), de otro lado el empresario debe ocuparle, puesto que uno de los derechos que asiste al empleado es el derecho a la «ocupación efectiva» (art. 4 ET).

En primer lugar, el trabajador se obliga a prestar un servicio por cuenta y bajo la dependencia organizativa de un empresario, cumpliendo con diligencia y buena fe las obligaciones concretas de su puesto de trabajo (art. 5 ET).

En segundo lugar, debemos precisar que, además del deber de realizar una obra o servicio, el trabajador adquiere otras obligaciones: Los deberes de buena fe, diligencia y obediencia.

El artículo 5 del Estatuto de los Trabajadores recoge los deberes básicos de los trabajadores de la siguiente forma:

> «Los trabajadores tienen como deberes básicos:
>
> Cumplir con las obligaciones concretas de su puesto de trabajo, de conformidad a las reglas de la buena fe y diligencia.
>
> Observar las medidas de seguridad e higiene que se adopten.
>
> Cumplir las órdenes e instrucciones del empresario en el ejercicio regular de sus facultades directivas.
>
> No concurrir con la actividad de la empresa, en los términos fijados en esta Ley. Contribuir a la mejora de la productividad.
>
> Cuantos se deriven, en su caso, de los respectivos contratos de trabajo».

1.1.1. La obligación de trabajo como deber de prestación

Dicho de forma muy genérica, el trabajador se compromete a «trabajar». Con más concreción, se puede decir que el trabajador, al concertar el contrato laboral, se obliga a prestar un servicio por cuenta y bajo la dependencia organizativa de un empresario (art. 1.1. ET), cumpliendo con diligencia y buena fe las obligaciones concretas del puesto de trabajo [art. 5.ª ET, que está dedicado a enumerar los deberes básicos del trabajador, y art. 20 ET]. Es decir, además del deber de realizar un servicio el trabajador asume otras obligaciones conexas: el deber de diligencia, el deber de buena fe y el de obediencia.

La prestación laboral a cuya realización se obliga contractualmente el trabajador es el factor que aporta su peculiaridad al contrato de trabajo. Esta obligación se configura como:

- Una prestación de hacer, consistente en el despliegue de una actividad o facere. Este facere está presente en actividades aparentemente inactivas (el ejemplo clásico del guarda o vigilante que en apariencia no realiza ninguna actividad).

- Una prestación voluntaria, personal, dependiente y por cuenta ajena.

- Una prestación continuada, porque su cumplimiento no es instantáneo sino duradero y la duración asciende a elemento fundamental de la causa del contrato.

La contrapartida al deber de trabajar la constituye el derecho del trabajador a la ocupación efectiva, es decir a que el empresario no obstaculice ni impida el cumplimiento de su prestación y además que cuide de que el trabajo pueda prestarse de modo efectivo [art. 4. 2.ª) ET]. Lo contrario podría perjudicar considerablemente la formación profesional del trabajador. De otro lado, el respeto a la dignidad del trabajador veda por sí mismo al empresario la posibilidad de negarle la ocupación efectiva con fines vejatorios.

1.1.2. La diligencia debida y el rendimiento

El deber básico del trabajador es prestar el trabajo convenido con diligencia y colaboración, cumpliendo con las obligaciones concretas de su puesto de trabajo de conformidad con las reglas de la buena fe y la diligencia [artículos 5 a) y 20.2 ET].

El deber de diligencia, consecuentemente, no es un deber independiente del deber de trabajar, sino una obligación indisoluble, la de trabajar con diligencia.

Para cumplir diligentemente con su prestación, el trabajador ha de conocer previamente el nivel de esa diligencia, expresado, normalmente, en términos del rendimiento debido.

El artículo 20.2 del Estatuto de los Trabajadores determina cuales son las fuentes reguladoras de la diligencia exigible al trabajador. Así, se determina que «en el cumplimiento de la obligación de trabajar asumida en el contrato, el trabajador debe al empresario la diligencia y la colaboración en el trabajo que marquen las disposiciones legales, los convenios colectivos y las órdenes o instrucciones adoptadas por aquél en el ejercicio regular de sus facultades de dirección y, en su defecto, por los usos y costumbres». Por tanto, habrá que buscar los criterios para la fijación del rendimiento en las normas legales y convenidas o en el propio contrato, y sólo en su ausencia, en la costumbre.

Los convenios colectivos (los de ámbito empresarial suelen ser los que incluyen una regulación más extensa y detallada en este sentido) suelen contener reglas específicas sobre los rendimientos exigibles al trabajador en su puesto de trabajo, reglas generalmente conectadas con los sistemas de retribución por resultado.

Las «órdenes e instrucciones» del empresario pueden completar las reglas legales o convencionales sobre el rendimiento, en la medida en que el empresario está facultado para especificar el modo en que la prestación de trabajo debe ser realizada. La remisión a los usos y costumbres supone que, en la medida en que no existan reglas concretas, la diligencia vendrá determinada por lo que es habitual, que se obtendrá por comparación entre la diligencia de un trabajador concreto y lo que se entiende como diligencia normal en ese puesto de trabajo.

Habitualmente será el contrato de trabajo (como pacto concreto) el lugar indicado para fijar el rendimiento debido, con expresión o no de un mínimo.

El incumplimiento de este deber en forma de defecto en la prestación laboral dará derecho al empresario a reducir correlativamente el salario debido, a no ser que esta disminución o ausencia de rendimiento sean imputables al empresario.

Si la inobservancia del deber de diligencia genera una «disminución continuada y voluntaria en el rendimiento de trabajo normal o pactado» puede constituir un incumplimiento sancionable incluso con el despido [art. 54.2.e) ET].

Normalmente, cuando se quiere comprobar el cumplimiento de este deber por parte del trabajador se acude al rendimiento o resultado tangible del trabajo realizado, sin embargo, ello no agota el contenido del deber de diligencia debida. En una consideración más en profundidad parece claro que el núcleo de la diligencia debida se encuentra, más que en el resultado concreto y medible del trabajo, en el comportamiento o modo de actuar, en la atención y el cuidado exigibles en la realización del trabajo; si esa atención se presta, normalmente se obtendrá el resultado esperado y, al contrario, cuando el trabajo se presta negligentemente el resultado no se obtiene o es menor del exigible.

Esta acepción de la diligencia como modo correcto del cumplimiento permite su aplicación tanto a tareas en las que es posible la medida exacta del resultado realizado —elaboración de piezas o unidades, venta de productos, realización de operaciones, por ejemplo— como en aquellas otras en las que no es posible, o no en la misma manera, medir el resultado en términos objetivos —trabajos directivos, de gestión o de vigilancia, por ejemplo—.

Finalmente, cualquier control o medida del rendimiento ha de tener en cuenta la capacidad real de los trabajadores discapacitados (artículo 20.3 ET).

1.1.3. El deber de buena fe y sus expresiones

El trabajador, junto con el cumplimiento fiel de su prestación laboral, tiene una serie de obligaciones específicas derivadas de la buena fe. Es decir, deber de no hacer concurrencia desleal al empresario, deber de abstenerse de otras conductas dañosas para el empresario, entre las que se incluye divulgación de secretos o la aceptación de beneficios ofrecidos por terceros, entre otros.

Este deber de buena fe tiene su específica traducción en la normativa laboral ya que entre los deberes básicos del trabajador se encuentra el cumplir las obligaciones laborales de conformidad con las reglas de la buena fe [artículo 5.1.a) ET].

Además, el artículo 20.2. del Estatuto de los Trabajadores establece que «El trabajador y el empresario se someterán en sus prestaciones recíprocas a las exigencias de la buena fe».

El trabajador, por tanto —como cualquier otro contratante— debe ajustar su conducta a una norma de rectitud y de honradez frente a la otra parte con la realización de todo lo que contribuya al mejor cumplimiento de la relación y abstención de comportamientos desleales. La inobservancia de la buena fe, cuando es grave y culpable, supone incurrir en causa de despido [artículo 54.2.d) ET].

Así, este deber puede tener las siguientes manifestaciones concretas:

- El deber de secreto. Se trata de un aspecto imprescindible del deber de buena fe, cuyo incumplimiento puede acarrear consecuencias contractuales (indemnizaciones de daños y sanciones disciplinarias que podrían llegar incluso hasta el despido).

- Prohibición legal de concurrencia, pactos de no competencia y de permanencia. El artículo 5.d del Estatuto de los Trabajadores incluye entre los deberes básicos del trabajador el de «no concurrir con la actividad de la empresa».

En el artículo 21 se detalla el alcance del deber de no concurrencia y de permanencia en la empresa, que implica que «no podrá efectuarse la prestación laboral de un trabajador para diversos empresarios cuando se estime concurrencia desleal o cuando se pacte la plena dedicación mediante compensación económica expresa, en los términos que al efecto se convengan.

El pacto de no competencia para después de extinguido el contrato de trabajo, que no podrá tener una duración superior a dos años para los técnicos y de seis meses para los demás trabajadores, solo será válido si concurren los requisitos siguientes:

» Que el empresario tenga un efectivo interés industrial o comercial en ello.

» Que se satisfaga al trabajador una compensación económica adecuada.

En el supuesto de compensación económica por la plena dedicación, el trabajador podrá rescindir el acuerdo y recuperar su libertad de trabajo en otro empleo, comunicándolo por escrito al empresario con un preaviso de treinta días, perdiéndose en este caso la compensación económica u otros derechos vinculados a la plena dedicación.

Cuando el trabajador haya recibido una especialización profesional con cargo al empresario para poner en marcha proyectos determinados o realizar un trabajo específico, podrá pactarse entre ambos la permanencia en dicha empresa durante cierto tiempo. El acuerdo no será de duración superior a dos años y se formalizará siempre por escrito. Si el trabajador abandona el trabajo antes del plazo, el empresario tendrá derecho a una indemnización de daños y perjuicios.

Como se puede ver, el ET no prohíbe indiscriminadamente todo tipo de concurrencia, sino sólo la ilícita o desleal, es decir, la que sea contraria a los usos honestos en materia comercial o industrial. Tal ilicitud existe cuando se produce la competencia económica con el empresario, aunque no haya originado un perjuicio.

1.1.4. El deber de obediencia

Aparece consagrado legalmente en el artículo 5.c) del Estatuto de los Trabajadores que recoge, como uno de los deberes básicos de los trabajadores, el de «cumplir las órdenes e instrucciones del empresario en el ejercicio regular de sus facultades directivas».

Se condiciona la obligatoriedad de las órdenes, por tanto, a su licitud y regularidad. Dicho de otro modo, el trabajador, está legitimado para desobedecer las órdenes que rebasen de modo patente el ejercicio regular de las funciones de mando del empresario.

Además, existe no ya derecho a desobedecer, sino deber de hacerlo, si la orden emitida por el empresario impone al trabajador una conducta manifiestamente ilegal.

Tampoco estará obligado a obedecer órdenes que lesionen derechos irrenunciables o cuyo cumplimiento entrañe un daño o perjuicio patente para el propio trabajador o para terceros.

Será lícita también la denominada «desobediencia técnica», es decir, el incumplimiento de órdenes claramente infundadas desde punto de vista técnico, cuya ejecución llevaría a un resultado dañoso y podría atentar contra el prestigio profesional del trabajador.

Igualmente podrán desobedecer, sin que ello se pueda considerar incumplimiento contractual, las órdenes sobre aspectos ajenos a la relación laboral y sin ninguna repercusión sobre ella. La vida privada, obviamente, cae fuera de la esfera directiva del empresario.

De todas formas, el empresario sí podrá estar legitimado para advertir al trabajador si su conducta extralaboral es susceptible de dañar los intereses de la empresa.

1.2. Derechos del trabajador

En cuanto persona, el trabajador asalariado es titular de un conjunto de derechos fundamentales reconocidos en la Constitución y cuyo sustrato es la dignidad de la persona (art. 10.1 CE). Así, cabe mencionar:

- El derecho a la igualdad y a la no discriminación (art. 14 CE), a su vez la prohibición de no discriminación en el trabajo se enuncia en el art. 4.2.c del ET y se desarrolla en el art. 17 también del Estatuto.

- El derecho a la vida y a la integridad física (art. 15 CE), conectado con los derechos a la seguridad e higiene en el trabajo (también reconocidos en el art. 40 CE y en el art. 4.2.d y 19 ET).

- El derecho a la libertad religiosa e ideológica (art. 16 CE), que plantea especiales dificultades respecto de las empresas cuya actividad está indisolublemente a un determinado postulado ideológico (partidos políticos, sindicatos, instituciones religiosas, etc.)

- El derecho al honor y a la intimidad (art. 18 CE), que aparece recogido en su vertiente laboral en los arts. 4.2.e y 18 ET («inviolabilidad de la persona del trabajador»).

- El derecho de libertad de residencia (art. 19 CE) tiene también una proyección en el ámbito laboral. El empresario, dentro de los límites establecidos en el art. 40 ET («movilidad geográfica»), puede trasladar a sus trabajadores de centro de trabajo, lo que a veces conlleva cambios de residencia.

Todos ellos son derechos fundamentales generales que se encuentran dotados de proyección laboral, es decir que su ejercicio y disfrute tiene consecuencias particulares para el trabajador en la esfera del contrato de trabajo. A esos derechos se suman los derechos fundamentales específicamente laborales (libertad sindical y derecho de huelga) que ya se estudiaron.

Además, también existen otra serie de derechos laborales básicos (art. 4 del ET):

- Trabajo y libre elección de profesión u oficio.

- Libre sindicación.

- Negociación colectiva.

- Adopción de medidas de conflicto colectivo.

- Huelga.

- Reunión.

- Participación en la empresa.

- Ocupación efectiva.
- Promoción y formación profesional en el trabajo.
- A la percepción puntual de su remuneración.
- Al ejercicio individual de las acciones derivadas de su contrato de trabajo

A continuación, haremos un estudio más detallado acerca de la protección de algunos derechos fundamentales (los llamados derechos inespecíficos) que poseen una especial incidencia en el ámbito laboral.

1.2.1. Protección de la dignidad del trabajador

En la relación de trabajo, el trabajador tiene reconocida expresamente la consideración debida a su dignidad [art. 4.2 letra e) ET]. La dignidad e intimidad del trabajador comprenden expresamente la «protección frente al acoso por razón de origen racial o étnico, religión o convicciones, discapacidad, edad u orientación sexual y frente al acoso sexual y al acoso por razón de sexo» (modificación del art. 4 ET introducida por la LOI, Ley Orgánica 3/2007 para la igualdad efectiva de mujeres y hombres).

La dignidad e intimidad deben respetarse en el caso de los registros sobre la persona y pertenencias del trabajador (art. 18 ET); y la dignidad humana del trabajador ha de ser igualmente preservada en las medidas de vigilancia y control que dicte el empresario (art. 20.3 ET).

La conducta del empresario que no respete tal dignidad y que, en consecuencia, suponga una actitud vejatoria o denigrante para el trabajador, da derecho a éste a optar entre solicitar la extinción del contrato de trabajo (art. 50.1 ET) percibiendo una indemnización igual a la que correspondería en caso de despido improcedente, o solicitar del Juzgado de lo Social que anule la decisión lesiva del derecho fundamental y ordene al empresario abstenerse de realizar tales actos (sin perjuicio de la indemnización del daño que el trabajador pudiese haber sufrido).

1.2.2. Derecho a la igualdad y a la no discriminación

El artículo 14 de la CE, que reconoce el derecho a la igualdad de todos los ciudadanos y a la no discriminación por razones de edad, sexo, religión, opinión o cualquier otra condición o circunstancia personal o social, se ve completado en el plano laboral con las previsiones del art. 4.2 c) y del art.17 del ET.

El principio de igualdad no es absoluto, no impone un trato absolutamente uniforme a todos los trabajadores, como si todos ellos (y sus respectivas prestaciones) fuesen idénticos. Por tanto, sólo procede aplicar consecuencias iguales a supuestos de hecho iguales y no infringe el principio de igualdad la concesión de ventajas a un grupo o colectivo de trabajadores (discriminación positiva, respecto de la mujer o de los discapacitados, por ejemplo, como colectivos especialmente sensibles al desempleo) siempre que se respeten todos los mínimos legales.

El deber de trato igual (y no discriminatorio) es aplicable tanto en el momento de la contratación como durante la vida del contrato y el momento de su extinción. El art. 17 ET reputa «nulos y sin efecto» los actos discriminatorios del empresario, los establecidos en disposiciones normativas o contratos individuales.

Las decisiones discriminatorias del empresario constituyen además infracciones muy graves, sancionables administrativamente (art. 8.12 LISOS) o penalmente (art. 314 CP).

1.2.3. Derecho a la intimidad

El derecho a la intimidad, de forma genérica, aparece recogido en el art. 18 de la Constitución y, en su vertiente laboral, en los artículos 4.2.e y 18 del Estatuto de los Trabajadores. Tiene que existir un equilibrio entre los intereses de la Empresa y este derecho a la intimidad.

Por su parte, la ley de protección de datos de carácter personal (Ley Orgánica 3/2018, de 5 de diciembre, de Protección de Datos Personales y garantía de los derechos digitales) dispone que los datos obtenidos para una determinada finalidad no pueden tenerse en cuenta para otra distinta, salvo que el trabajador autorice por escrito al empresario para tratar datos «sensibles» (creencias, ideología, afiliación sindical, etc.). Esto, teniendo en cuenta que, en el ámbito laboral, el tratamiento de datos por parte del empresario que sean precisos para el cumplimiento del contrato, no necesitan autorización o consentimiento expreso por parte del trabajador, ya que este se entiende implícito con el prestado en la formalización del contrato de trabajo.

Un aspecto derivado del derecho a la intimidad es el derecho a la propia imagen, que puede plantear diferentes cuestiones en el ámbito laboral (deber de vestir de determinada manera, deber de rasurarse la barba, si atentan o no y en qué casos, etc.) que los jueces han ido resolviendo caso por caso.

2. El empresario

Es momento ahora de conocer el estatuto jurídico del empresario, es decir de analizar la posición de débito y crédito del empresario en el contrato de trabajo, comenzando por estudiar aquellos poderes de los que es titular (poder de dirección, disciplinario y de control y vigilancia) y continuando con el examen de los principales deberes que debe cumplir respecto del trabajador como consecuencia de la relación contractual que les une (obligación de abonar el salario, deber de promoción y formación profesional y deber de seguridad y salud en el trabajo).

Como acreedor de trabajo, el empresario tiene derecho a que el trabajador cumpla la prestación laboral convenida. Es decir, a que preste el servicio o realice la obra pactados, en las condiciones legalmente previstas de diligencia, buena fe y obediencia.

2.1. Deberes del empresario

Además de la obligación de retribuir al trabajador (se estudiará detalladamente en tema 7) por los servicios prestados el empresario asume otras obligaciones cuyo objetivo es el respeto personal y laboral del trabajador. Así:

- El deber de ocupación efectiva. Así como el trabajador está obligado al cumplimiento de su prestación, tiene derecho a que el empresario no obstaculice ni impida tal cumplimiento. El empresario está obligado a dar al trabajador ocupación efectiva, deber que sólo puede ser incumplido por motivos ocasionales o de fuerza mayor.

  El trabajador al que no se da ocupación efectiva podrá optar entre pedir que se condene al empresario a dársela, o que resuelva el contrato con derecho a indemnización, alegando incumplimiento grave del empresario.

- El deber de promoción y formación profesional de los trabajadores. El progreso del trabajador en su carrera va unido a su mejor preparación profesional, que repercutirá en la clasificación y posibles ascensos. El empresario ha de facilitar al trabajador la adquisición de esa formación profesional que, a su vez, repercutirá en la clasificación profesional y los ascensos.

  A tal efecto, el ET [artículos 4.2.b) y 23] recoge diversas obligaciones como:

  » Conceder permisos para exámenes a los trabajadores que cursen estudios para la obtención de un título académico o profesional.

  » Reconocer a los referidos trabajadores el derecho preferente a elegir turno de trabajo.

  » Reconocer a los trabajadores el derecho a asistir a cursos de formación profesional, mediante la oportuna adaptación de la jornada ordinaria.

  » Conceder permisos de formación o perfeccionamiento profesional, con reserva de puesto de trabajo.

- Deberes en materia de seguridad y salud laboral. El empresario tiene la potestad de dirigir y organizar la producción de bienes o servicios, siendo correlativo a ese poder de dirección el deber de protección de la seguridad y salud de los trabajadores a su servicio en todos los aspectos relacionados con el trabajo. Tales derechos y obligaciones se encuentran regulados por la Ley 31/1995, de 8 de noviembre, de Prevención de Riesgos Laborales (LPRL).

El incumplimiento por los empresarios de sus obligaciones en materia de Prevención de Riesgos Laborales dará lugar a responsabilidades administrativas, así como, en su caso, a responsabilidades penales y civiles por los daños y perjuicios que puedan derivarse de dicho incumplimiento.

El empresario ajustará su poder dirección observando una serie de principios de acción preventiva, recogidos en el artículo 15 de la LPRL:

- Evitar los riesgos.

- Evaluar los riesgos que no se puedan evitar.

- Combatir los riesgos en su origen.

- Adaptar el trabajo a la persona, eligiendo los equipos y métodos de trabajo.

- Proporcionar equipos de protección adecuados.

- Tener en cuenta la evolución de la técnica.

- Sustituir o evitar lo peligroso por lo que entrañe poco o ningún peligro.

- Planificar la prevención.

- Anteponer las medidas colectivas a las individuales.

- Adoptar las medidas necesarias para garantizar que sólo los trabajadores que hayan recibido la información suficiente y adecuada puedan acceder a las zonas de riesgo grave y específico.

- Proporcionar la formación que sea precisa en materia de riesgos laborales (en el momento de la contratación, cualquiera que sea la modalidad de duración de ésta, y cuando se produzcan cambios en las funciones que desempeñe el trabajador).

Este deber genérico de protección se concreta en una serie de deberes básicos, valorar la capacidad y actitud de los trabajadores, evaluar los riesgos, proporcionar equipos de protección, llevar a cabo determinadas medidas en caso de riesgo grave e inminente, informar y consultar al personal, formar a los trabajadores, realizar los reconocimientos médicos, proteger de manera especial a ciertas categorías de trabajadores.

Los empresarios tienen un deber especifico o adicional de protección, frente a determinados grupos de trabajo definidos por determinadas características o situaciones. Estos grupos son:

– Trabajadores especialmente sensibles a determinados riesgos: garantizará de manera específica la protección de los trabajadores que, por sus propias características personales o estado biológico, sean especialmente sensibles a los riesgos derivados del trabajo.

– Trabajadoras embarazadas o en período de lactancia: Si las condiciones de un puesto de trabajo pueden influir negativamente en la salud de la trabajadora embarazada, del feto o del hijo si está en periodo de lactancia, y así lo certifique el médico que en el régimen de la seguridad social aplicable asista a la trabajadora, ésta deberá ocupar un puesto de trabajo diferente y compatible con su estado, pudiendo ser, si no existe un puesto de trabajo compatible, otro de diferente grupo o categoría profesional, aunque conservará el derecho a percibir las retribuciones de su puesto de origen.

– Trabajadores menores: Antes de la incorporación al trabajo de los menores de 18 años, o cuando se produzca una modificación importante de las condiciones de trabajo, el empresario deberá realizar una evaluación sobre los riesgos del puesto de trabajo que puedan poner en peligro la seguridad o salud de estos trabajadores. Dicha evaluación tendrá especialmente en cuenta los riesgos derivados de la falta de experiencia de los jóvenes, de su inconsciencia ante los riesgos existentes o potenciales y de su desarrollo todavía incompleto.

– Relaciones de trabajo temporales, de duración determinada y en empresas de trabajo temporal: los trabajadores con esas relaciones de trabajo deberán disfrutar del mismo nivel de protección en materia de seguridad y salud que los restantes trabajadores de la empresa en la que presten sus servicios. El empresario garantizará que dichos trabajadores reciban información sobre los riesgos a que vayan a ser expuestos, así como la necesidad de cualificaciones o aptitudes profesionales determinadas, la exigencia de controles médicos especiales y las medidas de protección y prevención sobre los riesgos. En todo caso, dichos trabajadores recibirán una formación suficiente y adecuada a las características del puesto de trabajo a cubrir, teniendo en cuenta su cualificación y experiencia profesional y los riesgos a los que vayan a ser expuestos.

TEMA 6

LA JORNADA DE TRABAJO

1. La jornada de trabajo

La actividad laboral se desenvuelve, como cualquier otra, en el tiempo y, concretamente, en el tiempo diario que se conoce como jornada de trabajo.

En el propio texto de la Constitución se recoge como principio rector de la política económica y social, lo siguiente: «Los poderes públicos (…) garantizarán el descanso necesario mediante limitación de la jornada laboral» (Art. 40 CE).

El régimen jurídico de la jornada máxima legal se articula en torno a un régimen común y unos regímenes especiales de jornada laboral, a los que se suma un régimen de exclusiones.

1.1. La jornada ordinaria

El art. 34 del Estatuto de los trabajadores establece que «1. La duración de la jornada de trabajo será la pactada en los convenios colectivos o contratos de trabajo. La duración máxima de la jornada ordinaria de trabajo será de cuarenta horas semanales de trabajo efectivo de promedio en cómputo anual».

Estas 40 horas máximas se refieren a tiempo de trabajo efectivo, no sólo a tiempo de presencia en el centro. Este tiempo de trabajo es el comprendido entre el momento de llegada y el abandono del puesto de trabajo por el trabajador (art. 34.5 del ET), teniendo en cuenta que a tales efectos se computará de modo que tanto al comienzo como al final de la jornada diaria el trabajador se encuentre en su puesto de trabajo).

El artículo 34.2 establece la posibilidad de la distribución irregular de la jornada a lo largo del año, mediante convenio colectivo o, en su defecto, por acuerdo entre la empresa y los representantes de los trabajadores. «En defecto de pacto, la empresa podrá distribuir de manera irregular a lo largo del año, el 10 por ciento de la jornada de trabajo.

Dicha distribución deberá respetar en todo caso los períodos mínimos de descanso diario y semanal previstos en la Ley, y el trabajador deberá conocer con un preaviso mínimo de cinco días el día y la hora de la prestación de trabajo resultante de aquélla.

La compensación de las diferencias, por exceso o por defecto, entre la jornada realizada y la duración máxima de la jornada ordinaria de trabajo legal o pactada será exigible según lo acordado en convenio colectivo o, a falta de previsión al respecto, por acuerdo entre la empresa y los representantes de los trabajadores. En defecto de pacto, las diferencias derivadas de la distribución irregular de la jornada deberán quedar compensadas en el plazo de doce meses desde que se produzcan».

El número de horas ordinarias de trabajo efectivo no podrá ser superior a nueve diarias, salvo que por convenio colectivo o, en su defecto, acuerdo entre la empresa y los representantes de los trabajadores, se establezca otra distribución del tiempo de trabajo diario, respetando en todo caso el descanso entre jornadas, que es de como mínimo doce horas entre el final de la jornada y el inicio de la siguiente.

Si bien, los trabajadores menores de dieciocho años no podrán realizar más de ocho horas diarias de trabajo efectivo, incluyendo, en su caso, el tiempo dedicado a la formación y, si trabajasen para varios empleadores, las horas realizadas con cada uno de ellos».

1.1.1. Horas extraordinarias

Son extraordinarias las horas que exceden de la jornada ordinaria, fijada legal o convencionalmente. Ahora bien, hay que tener en cuenta que es posible diferenciar diferentes supuestos:

– Horas extraordinarias habituales: son una desnaturalización de la figura, ya que se recurriría a ellas, más que para atender a necesidades anormales, para eludir la contratación de nuevos trabajadores. La tendencia en la legislación y pactos sociales es la de suprimir este tipo de horas extraordinarias.

– Horas extraordinarias llamadas «estructurales» se basan en exigencias del proceso productivo, como pedidos imprevistos, ausencias imprevistas, etc. Se suelen admitir siempre que las necesidades no puedan atenderse a través de contratos temporales o de contratos a tiempo parcial.

Respecto de su régimen retributivo, el artículo 35 ET, añade que:

«1. (...) mediante convenio colectivo o, en su defecto, contrato individual, se optará entre abonar las horas extraordinarias en la cuantía que se fije, que en ningún caso podrá ser inferior al valor de la hora ordinaria, o compensarlas por tiempos equivalentes de descanso retribuido. En ausencia de pacto al respecto, se entenderá que las horas extraordinarias realizadas deberán ser compensadas mediante descanso dentro de los cuatro meses siguientes a su realización».

«2. El número de horas extraordinarias no podrá ser superior a ochenta al año, salvo lo previsto en el apartado 3 de este artículo. Para los trabajadores que por la modalidad o duración de su contrato realizasen una jornada en cómputo anual inferior a la jornada general en la empresa, el número máximo anual de horas extraordinarias se reducirá en la misma proporción que exista entre tales jornadas (...)».

«3. No se tendrá en cuenta, a efectos de la duración máxima de la jornada ordinaria laboral, ni para el cómputo del número máximo de las horas extraordinarias autorizadas, el exceso de las trabajadas para prevenir o reparar siniestros y otros daños extraordinarios y urgentes, sin perjuicio de su compensación como horas extraordinarias».

«4. La prestación de trabajo en horas extraordinarias será voluntaria, salvo que su realización se haya pactado en convenio colectivo o contrato individual de trabajo, dentro de los límites del apartado 2 de este artículo».

El empresario tiene un deber informativo ante la representación del personal del número de horas extraordinarias realizadas a lo largo de cada mes, y el comprobante de las horas realizadas por cada trabajador deberá estar incluido en el recibo de salarios.

– Horas para prevenir o reparar daños extraordinarios y urgentes (art. 35.3 ET.). Estas horas no se computan ni como ordinarias ni como extraordinarias, aunque se retribuyan como horas extraordinarias. Su realización no está sujeta a límite temporal alguno y su ejecución es obligatoria para el trabajador.

1.2. Jornadas especiales

El art. 34.7 del ET. autoriza al gobierno para fijar ampliaciones y reducciones de jornada para «aquellos sectores y trabajos que, por sus peculiaridades, así lo requieran». Estas jornadas especiales se recogieron en el R.D. 1561/95. Por poner algunos ejemplos, en las ampliaciones se recogen trabajos como empleados de finca urbana con plena dedicación, guardas y vigilantes ferroviarios, trabajos de puesta en marcha y cierre de los demás, entre otros. Entre las limitaciones, para trabajos como los expuestos a riesgos ambientales, en el interior de minas, construcción y obras públicas, etc.

1.3. Jornadas excluidas

Las normas sobre jornada señaladas no se aplican a las relaciones especiales de trabajo del artículo 2 del Estatuto, que se regirán por su normativa específica.

Lo mismo para los trabajadores marítimos (capitán, piloto, patrón y otros cargos).

2. El registro de la jornada

En cuanto a la obligatoriedad del registro de la jornada, que afecta a todos los trabajadores y empresas, con independencia del tamaño o sector (con la salvedad de las relaciones especiales, que quedan sujetas a lo estipulado en su propia normativa), el artículo 34.9 del Estatuto de los Trabajadores indica que «La empresa garantizará el registro diario de jornada, que deberá incluir el horario concreto de inicio y finalización de la jornada de trabajo de cada persona trabajadora, sin perjuicio de la flexibilidad horaria que establece este artículo».

Por otro lado, junto a lo anterior, es obligatorio llevar un registro de todas las horas extraordinarias (artículo 35.5. del Estatuto de los Trabajadores).

Por tanto, se establece la obligatoriedad del registro, tanto de la jornada ordinaria pactada como de las horas extraordinarias realizadas, en su caso. Todo ello, con las siguientes apreciaciones:

- El registro tiene que ser diario. No es válido un registro de carácter semanal o mensual, sino que tiene que indicar día por día la jornada realizada por cada trabajador.

– El registro tiene que ser al inicio y final de la jornada de trabajo. En consecuencia, no es necesario registrar las pausas de trabajo, salvo que el convenio colectivo indique otra cosa.

Ahora bien, en relación con los descansos entre jornadas es importante tener en cuenta una serie de aspectos. El primero de ellos es que, según lo estipulado en el ET, (art. 34.4), existe derecho a un período de descanso durante la jornada, de duración no inferior a quince minutos, siempre que la duración de la jornada diaria continuada exceda de seis horas. El segundo aspecto a tener en cuenta es si dicho periodo de tiempo es considerado tiempo efectivo de trabajo. En este sentido, el ET establece que «se considerará tiempo de trabajo efectivo cuando así esté establecido por convenio colectivo o contrato de trabajo». Luego, dependerá de lo estipulado en tal sentido en el convenio colectivo que resulte de aplicación.

Luego, a efectos del registro de la jornada, si según el convenio colectivo que resulte aplicable, estos periodos de descanso no son considerados tiempo efectivo de trabajo, junto con el registro del inicio y el final de la jornada, será también necesario realizar el registro de dichos descansos. El interesado de este registro será el empresario, ya que se presume como trabajo efectivo todo el tiempo que aparezca en el registro de la jornada desde la entrada hasta la salida. En caso contrario, recae la carga de la prueba sobre la empresa, teniendo que acreditar que no todo ese tiempo es tiempo de trabajo efectivo, sino que existen pausas en la jornada de trabajo.

3. El trabajo a turnos y el trabajo nocturno

En lo referido al trabajo a turnos (art. 36 ET), hay que mencionar que es el que se realiza con la concurrencia de tres requisitos:

– Se trata de una forma de organización del trabajo por equipos.

- Los equipos se suceden en los mismos puestos de trabajo con arreglo a una determinada cadencia o ritmo temporal, que puede ser continuo o discontinuo.

- El trabajador tiene la obligación de prestar sus servicios en turnos de horarios diferentes (variables o rotatorios).

Corresponderá al empresario el establecimiento inicial de un sistema de trabajo a turnos. Si la adopción del sistema implica la modificación de un sistema preexistente, tendrá que seguirse el procedimiento de modificación sustancial de condiciones de trabajo.

En las empresas con procesos productivos continuados durante las 24 horas del día, los trabajadores tienen derecho a rotar en los distintos turnos, sin quedar afectados necesariamente al nocturno. Ningún trabajador estará obligado a permanecer en el turno de noche más de dos semanas consecutivas, salvo adscripción voluntaria.

Por su parte, con respecto al trabajo nocturno, es preciso indicar que se entre los conceptos de «trabajo nocturno» y de «trabajador nocturno». Así, el trabajo nocturno será el realizado entre las 10 de la noche y las seis de la mañana. Su realización habitual deberá ser notificada por el empresario a la administración laboral. Trabajador nocturno será aquel cuya jornada habitual comprende no menos de tres horas diarias del periodo de trabajo nocturno. También lo será aquel respecto del cual se prevea que realizará no menos de la tercera parte de su jornada laboral en periodos de trabajo nocturno.

En todo caso, la jornada del trabajador nocturno no podrá exceder de un promedio, computado quincenalmente, de ocho horas diarias.

Al trabajo nocturno corresponde una retribución específica, debido a su mayor penosidad, que será fijada en convenio colectivo, y que puede ser sustituida por descanso compensatorio retribuido.

4. Descansos

Junto a los descansos señalados, registro dentro de la jornada (según convenio colectivo) y registro entre jornadas (como mínimo doce horas), existen otros descansos.

Téngase en cuenta, que los descansos del trabajador son derechos indisponibles del trabajador y retribuidos, es decir, el trabajador está obligado a disfrutar de ellos, sin que sea válido ningún pacto en contrario.

4.1. El descanso semanal

El art. 37 del Estatuto de los Trabajadores dispone que «1. Los trabajadores tendrán derecho a un descanso mínimo semanal, acumulable por períodos de hasta catorce días, de día y medio ininterrumpido que, como regla general, comprenderá la tarde del sábado o, en su caso, la mañana del lunes y el día completo del domingo. La duración del descanso semanal de los menores de dieciocho años será, como mínimo, de dos días ininterrumpidos».

4.2. Festividades laborales

Además del descanso semanal obligatorio, existen unas fiestas distribuidas a lo largo del año, que suponen días adicionales de descanso remunerado. Son hasta un máximo de 14 al año, dos de las cuales tendrán carácter local.

Así, según el artículo 37.2 del Estatuto: «Las fiestas laborales, que tendrán carácter retribuido y no recuperable, no podrán exceder de catorce al año, de las cuales dos serán locales. En cualquier caso, se respetarán como fiestas de ámbito nacional las de la Natividad del Señor, Año Nuevo, 1 de mayo, como Fiesta del Trabajo, y 12 de octubre, como Fiesta Nacional de España.

Respetando las expresadas en el párrafo anterior, el Gobierno podrá trasladar a los lunes todas las fiestas de ámbito nacional que tengan lugar entre semana, siendo, en todo caso, objeto de traslado al lunes inmediatamente posterior el descanso laboral correspondiente a las fiestas que coincidan con domingo.

Las Comunidades Autónomas, dentro del límite anual de catorce días festivos, podrán señalar aquellas fiestas que por tradición les sean propias, sustituyendo para ello las de ámbito nacional que se determinen reglamentariamente y, en todo caso, las que se trasladen a lunes. Asimismo, podrán hacer uso de la facultad de traslado a lunes prevista en el párrafo anterior.

Si alguna Comunidad Autónoma no pudiera establecer una de sus fiestas tradicionales por no coincidir con domingo un suficiente número de fiestas nacionales podrá, en el año que así ocurra, añadir una fiesta más, con carácter de recuperable, al máximo de catorce».

Las empresas deberán tener en cada centro de trabajo un calendario laboral, que se elaborará anualmente (art. 34.6 del ET). Este calendario incluirá el horario de trabajo y la distribución anual de los días laborables y festivos, y los descansos semanales o entre jornadas. Además, este calendario debe exponerse en lugar visible de cada centro.

4.3. Vacaciones

El derecho a las vacaciones se recoge en el artículo 40.2 de la Constitución, y se regula en el artículo 38 del Estatuto, pudiendo ser mejorado a través de los convenios colectivos y los contratos individuales. Tienen como finalidad proporcionar al trabajador un descanso anual de varios días consecutivos.

Dichas vacaciones serán remuneradas, y han de ser disfrutadas efectivamente, no siendo sustituibles por compensación económica alguna. Además, tienen que ser tomadas dentro del año natural a que correspondan y no cabe acumularlas a las de los años sucesivos.

Su duración no podrá ser inferior a 30 días naturales.

La fijación del periodo de disfrute de las mismas se fija, en cada empresa, de común acuerdo entre trabajador y empresario, siempre teniendo en cuenta lo que diga el correspondiente convenio colectivo. En todo caso, el artículo 38 del ET establece que «El trabajador conocerá las fechas que le correspondan dos meses antes, al menos, del comienzo del disfrute».

Cuando el período de vacaciones fijado en el calendario de vacaciones de la empresa al que se refiere el párrafo anterior coincida en el tiempo con una incapacidad temporal derivada del embarazo, el parto o la lactancia natural o con el período de suspensión con reserva de puesto de trabajo previsto en el artículo 48.4 y 48.bis de esta Ley (adopción y paternidad), se tendrá derecho a disfrutar las vacaciones en fecha distinta a la de la incapacidad temporal o a la del disfrute del permiso que por aplicación de dicho precepto le correspondiera, al finalizar el período de suspensión, aunque haya terminado el año natural a que correspondan.

En el supuesto de que el período de vacaciones coincida con una incapacidad temporal por contingencias distintas a las señaladas en el párrafo anterior que imposibilite al trabajador disfrutarlas, total o parcialmente, durante el año natural a que corresponden, el trabajador podrá hacerlo una vez finalice su incapacidad y siempre que no hayan transcurrido más de dieciocho meses a partir del final del año en que se hayan originado.

El trabajador que cese en su empleo habiendo devengado derecho a vacaciones, pero sin haber llegado a disfrutarlas tendrá derecho a una indemnización compensatoria proporcional a los días de vacaciones a los que fuese acreedor.

5. Permisos retribuidos

Cuando se habla de permisos retribuidos se hace referencia al derecho del trabajador a ausentarse del trabajo y mantener la retribución correspondiente a dichos días, de forma que recibe el mismo salario que si hubiera estado trabajando durante ellos. Hay que señalar que no se trata de situaciones en las que se produce una suspensión del contrato de trabajo ni de descansos reconocidos al trabajador, tales como las vacaciones o los descansos semanales o anuales, sino de ausencias al trabajo que, por tratarse de aspectos excepcionales y estar justificadas, son retribuidas. En este sentido, el artículo 37.3 del ET enumera las causas que permiten justificar dichas ausencias y hacer uso de dichos permisos. Así, «El trabajador, previo aviso y justificación, podrá ausentarse del trabajo, con derecho a remuneración, por alguno de los motivos y por el tiempo siguiente:

- Quince días naturales en caso de matrimonio o registro de pareja de hecho.

- Cinco días por accidente o enfermedad graves, hospitalización o intervención quirúrgica sin hospitalización que precise reposo domiciliario del cónyuge, pareja de hecho o parientes hasta el segundo grado por consanguinidad o afinidad, incluido el familiar consanguíneo de la pareja de hecho, así como de cualquier otra persona distinta de las anteriores, que conviva con la persona trabajadora en el mismo domicilio y que requiera el cuidado efectivo de aquella.

- Dos días por el fallecimiento del cónyuge, pareja de hecho o parientes hasta el segundo grado de consanguinidad o afinidad. Cuando con tal motivo la persona trabajadora necesite hacer un desplazamiento al efecto, el plazo se ampliará en dos días.

- Un día por traslado del domicilio habitual.

- Por el tiempo indispensable, para el cumplimiento de un deber inexcusable de carácter público y personal. Si este deber implica la imposibilidad de la prestación del trabajo debido en más del veinte por ciento de las horas laborales en un periodo de tres meses, la empresa podrá pasar al trabajador afectado a la situación de excedencia regulada en el artículo 46.1.

- Para realizar funciones sindicales o de representación del personal en los términos establecidos legal o convencionalmente.

– Por el tiempo indispensable para la realización de exámenes prenatales y técnicas de preparación al parto y, en los casos de adopción, guarda con fines de adopción o acogimiento, para la asistencia a las preceptivas sesiones de información y preparación y para la realización de los preceptivos informes psicológicos y sociales previos a la declaración de idoneidad.

– En los supuestos de nacimiento, adopción, guarda con fines de adopción o acogimiento, de acuerdo con el artículo 45.1.d), una hora de ausencia del trabajo, que puede dividirse en dos fracciones, para el cuidado del lactante hasta que éste cumpla nueve meses. La duración del permiso se incrementará si estos supuestos se dan con carácter múltiple.

Quien ejerza este derecho, por su voluntad, podrá sustituirlo por una reducción de su jornada en media hora con la misma finalidad o acumularlo en jornadas completas. No obstante, si dos trabajadores de la misma empresa ejercen este derecho por el mismo sujeto causante, podrá limitarse su ejercicio simultáneo por razones fundadas y objetivas de funcionamiento de la empresa, debidamente motivadas por escrito, debiendo en tal caso la empresa ofrecer un plan alternativo que asegure el disfrute de ambas.

Cuando ambas personas progenitoras, adoptantes, guardadoras o acogedoras ejerzan este derecho con la misma duración y régimen, el periodo de disfrute podrá extenderse hasta que el lactante cumpla doce meses, con reducción proporcional del salario a partir del cumplimiento de los nueve meses.

– Derecho a ausentarse del trabajo durante una hora en el caso de nacimiento prematuro de hijo o hija, o que, por cualquier causa, deba permanecer hospitalizado a continuación del parto. Asimismo, derecho a reducir su jornada de trabajo hasta un máximo de dos horas, con disminución proporcional del salario.

– Quien por razones de guarda legal tenga a su cuidado directo algún menor de doce años o una persona con discapacidad que no desempeñe una actividad retribuida tendrá derecho a una reducción de la jornada de trabajo diaria, con la disminución proporcional del salario entre, al menos, un octavo y un máximo de la mitad de la duración de aquella.

Asimismo, quien precise encargarse del cuidado directo del cónyuge o pareja de hecho, o un familiar hasta el segundo grado de consanguinidad y afinidad, incluido el familiar consanguíneo de la pareja de hecho, que por razones de edad, accidente o enfermedad no pueda valerse por sí mismo, y que no desempeñe actividad retribuida.

De igual modo, el progenitor, guardador con fines de adopción o acogedor permanente tendrá derecho a una reducción de la jornada de trabajo, con la disminución proporcional del salario de, al menos, la mitad de la duración de aquella, para el cuidado, durante la hospitalización y tratamiento continuado, del menor a su cargo afectado por cáncer (tumores malignos, melanomas y carcinomas), o por cualquier otra enfermedad grave, que implique un ingreso hospitalario de larga duración y requiera la necesidad de su cuidado directo, continuo y permanente, acreditado por el informe del servicio público de salud u órgano administrativo sanitario de la comunidad autónoma correspondiente y, como máximo, hasta que el hijo o persona que hubiere sido objeto de acogimiento permanente o de guarda con fines de adopción cumpla los veintitrés años.

Cumplidos los 18 años, se podrá reconocer el derecho a la reducción de jornada hasta que el causante cumpla 23 años en los supuestos en que el padecimiento de cáncer o enfermedad grave haya sido diagnosticado antes de alcanzar la mayoría de edad, siempre que en el momento de la solicitud se acrediten los requisitos establecidos en los párrafos anteriores, salvo la edad. Asimismo, se mantendrá el derecho a esta reducción hasta que la persona cumpla 26 años si antes de alcanzar 23 años se acreditara, además, un grado de discapacidad igual o superior al 65 por ciento.

- Las víctimas de violencia de género, de violencia sexual o de víctimas del terrorismo tendrán derecho, para hacer efectiva su protección o su derecho a la asistencia social integral, a la reducción de la jornada de trabajo con disminución proporcional del salario o a la reordenación del tiempo de trabajo, a través de la adaptación del horario, de la aplicación del horario flexible o de otras formas de ordenación del tiempo de trabajo que se utilicen en la empresa. También tendrán derecho a realizar su trabajo total o parcialmente a distancia o a dejar de hacerlo si este fuera el sistema establecido, siempre en ambos casos que esta modalidad de prestación de servicios sea compatible con el puesto y funciones.

- Derecho a ausentarse del trabajo por causa de fuerza mayor cuando sea necesario por motivos familiares urgentes relacionados con familiares o personas convivientes, en caso de enfermedad o accidente que hagan indispensable su presencia inmediata. Esto, con un cómputo máximo de cuatro días al año, conforme a lo establecido en convenio colectivo o, en su defecto, en acuerdo entre la empresa y la representación legal de las personas trabajadoras aportando las personas trabajadoras, en su caso, acreditación del motivo de ausencia.

TEMA 7

EL SALARIO

1. La retribución salarial

La posición de deuda que el empresario asume en cuanto sujeto del contrato de trabajo se sustancia en dos obligaciones principales: La obligación de retribuir y la de respetar personal y laboralmente al trabajador.

La prestación básica del trabajador tiene como contraprestación la prestación retributiva a cargo del empresario. Esta contraprestación es sustancial al contrato de trabajo (artículo 1.1 ET).

El artículo 26.1 del ET define el salario en los siguientes términos: «Se considerará salario la totalidad de las percepciones económicas de los trabajadores, en dinero o en especie, por la prestación profesional de los servicios laborales por cuenta ajena, ya retribuyan el trabajo efectivo, cualquiera que sea la forma de remuneración, o los períodos de descanso computables como de trabajo».

1.1. Clases de salario

Podemos hacer diversas clasificaciones:

Por unidad de tiempo, por unidad de obra y mixtos

Por unidad de tiempo será aquel cuyo importe esté en función de la duración del servicio. Por unidad de obra será aquel cuyo importe se calcule atendiendo a resultados, piezas, mediciones, trozos o conjuntos determinados independientemente del tiempo invertido, y mixto resultará de la combinación de estos dos sistemas, ya sea por régimen de tareas (compromiso de realizar una obra en un tiempo determinado) o de primas o incentivos.

Salarios en metálico y salarios en especie

Se entiende por salario en metálico el que consiste en moneda de curso legal en España.

Por salario en especie, el que consiste en bienes distintos del dinero (luz, agua, manutención, casa, etc.).

El ordenamiento jurídico se inclina por el salario en metálico, mucho más preciso y menos dado a fraudes y, así, según el artículo 26 del ET se prohíbe que el salario en especie ascienda a más del 30 % del importe total del salario. La cuantía íntegra en dinero, en todo caso, no podrá ser inferior al salario mínimo interprofesional.

1.2. Estructura salarial

Hay que tener en cuenta que, no toda percepción económica recibida por parte del empresario, en sentido estricto, constituye salario. Así, diferenciamos entre las percepciones salariales y las percepciones extrasalariales.

1.2.1. Percepciones salariales

A) Salario base

Los artículos 26.3 y siguientes del ET estructuran las diversas partidas salariales en torno a dos conceptos, el salario base y los complementos salariales.

Por salario base entenderemos la retribución del trabajador fijada por unidad de tiempo o de obra, que deberá referirse al salario mínimo interprofesional o al superior establecido en convenio colectivo o contrato.

Su cuantía se establece en el convenio colectivo para cada categoría o grupo profesional con niveles retributivos, teniendo en cuenta que su importe puede ser inferior al Salario Mínimo Interprofesional siempre que los ingresos profesionales en conjunto sean superiores al citado salario.

En este sentido, es preciso señalar que, para garantizar unas condiciones mínimas de bienestar de las personas trabajadoras, el Estado fija anualmente la retribución mínima por debajo de la cual resulta nula cualquier negociación salarial, sea individual o colectiva. Todo ello, teniendo en cuenta que, en el salario mínimo se computa únicamente la retribución en dinero, sin que el salario en especie pueda, en ningún caso, dar lugar a la minoración de la cuantía íntegra en dinero de aquel.

El artículo 27 del ET establece la regulación básica sobre el Salario Mínimo Interprofesional, indica que «1. El Gobierno fijará, previa consulta con las organizaciones sindicales y asociaciones empresariales más representativas, anualmente, el salario mínimo interprofesional, teniendo en cuenta:

– El índice de precios al consumo.

– La productividad media nacional alcanzada.

– El incremento de la participación del trabajo en la renta nacional.

– La coyuntura económica general.

Igualmente se fijará una revisión semestral para el caso de que no se cumplan las previsiones sobre el índice de precios citado».

En este sentido, es preciso indicar que «la revisión del salario mínimo interprofesional no afectará a la estructura ni a la cuantía de los salarios profesionales cuando éstos, en su conjunto y cómputo anual, fueran superiores a aquél» (art. 27.1 ET). Así, los salarios recogidos en los reales decretos anuales de salario mínimo pueden (y normalmente, así es) ser mejorados en convenios colectivos, contratos individuales o por decisión unilateral del empresario.

Pues bien, cuando se fijan los salarios mínimos, normalmente ya se vienen percibiendo retribuciones mayores y, por tanto, es posible aplicar el mecanismo de la compensación salarial, lo que implica que las subidas anuales del Salario Mínimo sólo supondrán una efectiva subida retributiva cuando, en cómputo anual, superen los ingresos que, por todos los conceptos, viniera percibiendo el trabajador.

El artículo 26.5 del ET dispone, con carácter general, que «operará la compensación y absorción cuando los salarios realmente abonados, en su conjunto y cómputo anual, sean más favorables para los trabajadores que los fijados en el orden normativo o convencional de referencia».

B) Complementos

Por su parte, dentro de los complementos salariales se comprenden diversas percepciones retributivas que se adicionan al salario base en atención a la concurrencia de determinadas circunstancias, que son:

- Complementos vinculados a la persona: Aquellos que remuneran circunstancias personales del trabajador, no tomadas en cuenta al determinar el salario base (antigüedad, conocimiento de idiomas, etc.) Puede pactarse su carácter consolidable.

- Complementos vinculados al trabajo: Retribuyen la mayor productividad, o las especiales condiciones del puesto de trabajo (penosidad, peligrosidad, nocturnidad, etc.) En principio, estos complementos se presumen no consolidables, aunque puede pactarse su consolidación.

- Complementos vinculados a la situación y resultados de la Empresa: (Participación en beneficios, gratificaciones en función de las ventas, …) Tampoco, en principio, son consolidables salvo pacto en contrario.

La determinación, sobre esta base, de la estructura salarial, compete al convenio colectivo y, en su defecto, a los contratos individuales.

C) Pagas extraordinarias

Las pagas o gratificaciones extraordinarias tienen la naturaleza de verdaderas remuneraciones, cuyo pago constituye una obligación para el empresario.

El artículo 31 del ET configura estas pagas como un derecho estricto de los trabajadores. Son, como mínimo, dos al año, una de ellas necesariamente coincidirá con la navidad y la otra en el mes que se determine por convenio colectivo o acuerdo entre el empresario y los representantes de los trabajadores.

El propio artículo prevé la posibilidad de que los convenios colectivos prorrateen a lo largo de los 12 meses del año el importe total de las dos pagas extraordinarias, adicionándose así a cada mensualidad la fracción de paga extra correspondiente.

1.2.2. Percepciones extrasalariales

Al margen de las prestaciones salariales, el trabajador puede percibir devengos o prestaciones carentes de naturaleza salarial, destinadas a compensar o indemnizar gastos o necesidades del trabajador, y no a retribuir su trabajo.

Estas prestaciones pueden ser de muy variada condición. Así, el artículo 26.2 recoge que «no tendrán la consideración de salario las cantidades percibidas por el trabajador en concepto de indemnizaciones o suplidos por los gastos realizados como consecuencia de su actividad laboral, las prestaciones e indemnizaciones de la Seguridad Social y las indemnizaciones correspondientes a traslados, suspensiones o despidos».

Por tanto, no tienen la consideración de salario, las indemnizaciones por gastos suplidos por el trabajador, incluyéndose las indemnizaciones por quebranto de moneda, las percepciones por desgaste de útiles o herramientas, las indemnizaciones para adquisición de las prendas de trabajo y otros devengos de análoga naturaleza.

Tampoco tienen carácter salarial las indemnizaciones o suplidos de las cantidades abonadas por el empresario para compensar desplazamientos (kilometraje y dietas, por ejemplo).

Carecen también de naturaleza salarial las gratificaciones o liberalidades empresariales en sentido propio, así como las propinas. La gratificación no puede ser exigible jurídicamente ni su supresión puede motivar reclamaciones, incluso si su percepción es repetida.

2. La retribución salarial

2.1. El recibo salarial. La nómina

El artículo 29.1 del ET exige que el pago y la previa liquidación del salario se realicen documentalmente. Como medio probatorio del cumplimiento de la obligación retributiva se debe cumplimentar el llamado «recibo individual justificativo del pago del salario». El modelo oficial (aprobado por orden de 27 de diciembre de 1994) o el establecido en convenio colectivo.

Se considerarán ajustados al modelo oficial los recibos de salarios que, sin eliminar ninguno de los conceptos contenidos en el modelo establecido por el Ministerio de Trabajo, ni alterar su denominación, contengan modificaciones de carácter puramente formal o incluyan elementos adicionales de información al trabajador sobre la retribución percibida.

La omisión o irregularidad de este trámite formal hacen incurrir al empresario en responsabilidad administrativa, pero no impiden la liberación de la deuda si se prueba de otro modo que se realizó el pago. (Comprobante de la transferencia bancaria, por ejemplo).

Los recibos de salarios serán archivados y conservados por las empresas, junto con los boletines de cotización a la Seguridad Social, durante un periodo mínimo de cuatro años.

2.1.1. Estructura del recibo del salario

La estructura del modelo oficial de salario se divide en:

Cabecera

En este apartado figuran los datos que identifican a la empresa y al trabajador.

Por parte de la empresa, han de constar el nombre o razón social, domicilio de la empresa o centro de trabajo, cuando éste no coincida con el de la empresa, Código de Identificación Fiscal (CIF), el código de cuenta de cotización.

Por parte del trabajador, constará: Nombre y apellidos, Número de Identificación Fiscal (NIF), número en el Libro de Matrícula de la empresa (desde el año 2002 no es obligatorio), número de afiliación a la Seguridad Social, categoría profesional del trabajador y grupo de cotización al que pertenece.

Finalmente, se recoge en la cabecera de la nómina el periodo de liquidación, que recoge los días trabajados del mes al que corresponde la liquidación, incluyendo los festivos.

Si el trabajador pertenece a un grupo de cotización de retribución mensual (grupos del 1 al 7), siempre el total de días será 30, aunque el mes sea de 28, 29 o 31 días.

Cuerpo

El segundo bloque dentro del recibo de salarios es el relativo a los devengos, en el que se hace referencia a las cantidades que percibe el trabajador durante el período de liquidación de la nómina, tanto por salario base como por otros conceptos (horas extraordinarias, gratificaciones extraordinarias, complementos salariales y complementos extrasalariales).

Dentro de los devengos se incluyen dos apartados bien diferenciados:

– Las percepciones salariales que, a su vez, incluyen el salario base y los complementos salariales.

– Las percepciones no salariales, son las cantidades percibidas por el trabajador durante ese período de liquidación, para compensar los gastos ocasionados al trabajador (dietas, plus de distancia, transporte, etc.), así como indemnizaciones.

Las percepciones no salariales no se tienen en cuenta para calcular la base de cotización del trabajador, es decir no cotizan, salvo que excedan de los límites establecidos en el art. 23 del Reglamento General sobre Cotización y Liquidación de otros derechos de la Seguridad Social.

El total devengado, que consta al final de este bloque, es la suma de todas las percepciones del trabajador.

Información de deducciones: salario bruto y salario neto

Los conceptos de salario bruto y salario neto son esenciales para entender cómo está estructurada la nómina y el dinero que se cobra todos los meses.

En una primera aproximación se puede definir el salario bruto como el dinero total que se paga a un trabajador antes de las retenciones y cotizaciones que deben figurar en toda nómina.

El salario neto es el resultado tras estas retenciones, aunque en último término se puede definir como el dinero que efectivamente recibe el trabajador en su cuenta.

¿Cuáles son estos pagos y en qué medida merman el salario? En primer lugar, figuran las retenciones de IRPF, que corresponden al Impuesto de la Renta sobre las Personas Físicas y en segundo la cuota que se entrega a la Seguridad Social.

La retención de IRPF es, a grandes rasgos, un dinero que la Agencia Tributaria descuenta de la nómina en previsión de los impuestos que después habrá de pagar el trabajador. Si en el momento de hacer la declaración de la renta resulta que las cantidades retenidas son mayores de lo debido, Hacienda devolverá el dinero. En caso contrario, el contribuyente tendrá que abonar la cantidad que le corresponda. El porcentaje que se retiene depende del salario bruto que se perciba y de la situación personal de cada empleado (soltero, casado, con hijos...).

Las cotizaciones o cuotas a la Seguridad Social también merman el sueldo bruto. Su cuantía depende de la situación contractual del trabajador y del tipo de trabajo.

Estas aportaciones se dividen entre el trabajador y la empresa y el porcentaje que debe pagar cada uno se establece en los Presupuestos Generales del Estado vigentes para ese ejercicio.

Una vez se resta al salario bruto la retención de IRPF y las cotizaciones se obtiene el salario neto, que es lo que efectivamente ingresará cada trabajador en su nómina.

Por tanto, el «total devengado» que expresa la nómina no es la cantidad finalmente percibida por el trabajador. A los devengos íntegros que hemos visto, se les ha de practicar una serie de deducciones, para así obtener la cantidad neta que percibirá finalmente el trabajador.

Además, el artículo 29 del estatuto de los Trabajadores faculta a los empleados a pedir anticipos sobre su salario, abriendo así la posibilidad de percibir cantidades salariales con anterioridad al momento previsto ordinariamente para ello.

Únicamente se anticipa la fecha del pago de salarios, por cuanto que el mismo ya es debido por derivarse de un trabajo ya realizado. Lo único que ocurre es que se cobra antes de la fecha prevista. Ahora bien, su solicitud no puede hacerse de forma habitual, pues supone una excepción del régimen general sobre el momento de la liquidación.

Algunos convenios colectivos también prevén préstamos a favor de los trabajadores, que se diferencian de los anticipos en que se prevé su devolución con posterioridad, con o sin interés. El anticipo no se devuelve, sino que se compensa con trabajo posterior.

Los convenios suelen contemplar, además, reglas sobre estos anticipos o préstamos, estableciendo los supuestos de solicitud, con frecuencia vinculados a gastos extraordinarios o a necesidades urgentes y justificadas, como la compra de vivienda, traslado, fallecimiento de un familiar, nacimiento de hijos, etc.

Recapitulando, las deducciones más importantes de la nómina son:

– La cuota a la Seguridad Social, que se calcula aplicando el tipo de cotización correspondiente (%) sobre las diferentes bases de cotización.

– El pago del IRPF.

– Anticipos percibidos por el trabajador.

– El valor de los productos recibidos en especie.

– Las deducciones por cuota sindical, dicha cuota se le descontará únicamente a aquellos trabajadores que estén afiliados a un sindicato. Es la cantidad que mensual, semestral o anualmente pagan los afiliados a un sindicato para contribuir a su sostenimiento.

El Total a Deducir, será la suma de todas las deducciones.

El líquido total a percibir será la diferencia entre el total devengado y el total a deducir, es decir la cantidad que realmente percibe el trabajador o salario neto.

Finalmente, la nómina debe ir con el sello de la empresa y firmarse por el trabajador, quien recibirá un duplicado de la misma junto a su salario.

La firma de la nómina justifica la percepción por el trabajador de dichas cantidades, sin que implique que esté de acuerdo con las mismas. Si el salario se cobra mediante transferencia bancaria se entiende que la firma del trabajador se sustituye por el comprobante del abono expedido por la entidad bancaria.

2.1.2. Lugar y tiempo del pago de salarios

El ordenamiento jurídico establece una serie de medidas de diversa naturaleza para garantizar que el salario sea efectivamente percibido y conservado por el trabajador.

En primer lugar, existen unas garantías relativas al lugar de pago del salario que, según el artículo 29.1 del ET ha de ser «el convenido» y, en su defecto, el que marquen los usos y costumbres.

Respecto del tiempo de pago existen también normas, dirigidas a garantizar la efectiva y puntual prestación. Se ha de abonar en la fecha convenida o, a falta de convenio, la marcada por los usos o costumbres. En todo caso, la intermitencia del pago de las retribuciones periódicas no podrá exceder de un mes (art. 29.1 ET).

3. Garantías del salario

3.1. El carácter privilegiado

En el caso de que un empresario insolvente se enfrente, en vía ejecutiva singular o general, con una concurrencia de acreedores a los que no pueda satisfacer sus créditos íntegramente, se impone una prelación o jerarquización de los distintos créditos reconocidos que constituyen la masa pasiva, de acuerdo con la protección que el ordenamiento jurídico otorgue a cada uno.

Este orden de prelación depara una especial protección al crédito salarial, cuya significación económico-social motiva que el derecho le asigne un carácter preferente.

La Ley Concursal ha establecido un doble sistema de prelación de créditos laborales según se haya declarado o no al empresario en concurso.

3.1.1. Ausencia de concurso

Rige en este caso el artículo 32 del ET, modificado por la Ley Concursal. Este artículo establece lo siguiente:

«1. Los créditos salariales por los últimos treinta días de trabajo y en cuantía que no supere el doble del salario mínimo interprofesional gozarán de preferencia sobre cualquier otro crédito, aunque éste se encuentre garantizado por prenda o hipoteca.

2. Los créditos salariales gozarán de preferencia sobre cualquier otro crédito respecto de los objetos elaborados por los trabajadores mientras sean propiedad o estén en posesión del empresario.

3. Los créditos por salarios no protegidos en los apartados anteriores tendrán la condición de singularmente privilegiados en la cuantía que resulte de multiplicar el triple del salario mínimo interprofesional por el número de días del salario pendientes de pago, gozando de preferencia sobre cualquier otro crédito, excepto los créditos con derecho real, en los supuestos en los que éstos, con arreglo a la Ley, sean preferentes. La misma consideración tendrán las indemnizaciones por despido en la cuantía correspondiente al mínimo legal calculada sobre una base que no supere el triple del salario mínimo.

4. El plazo para ejercitar los derechos de preferencia del crédito salarial es de un año, a contar desde el momento en que debió percibirse el salario, transcurrido el cual prescribirán tales derechos.

5. Las preferencias reconocidas en los apartados precedentes serán de aplicación en todos los supuestos en los que, no hallándose el empresario declarado en concurso, los correspondientes créditos concurran con otro u otros sobre bienes de aquél. En caso de concurso, serán de aplicación las disposiciones de la Ley Concursal relativas a la clasificación de los créditos y a las ejecuciones y apremios».

3.1.2. Declaración de concurso

En tal supuesto, la prelación de créditos no se rige por el artículo 32 ET, sino por la Ley Concursal.

3.2. Inembargabilidad del salario

La inembargabilidad significa una protección del salario frente a los acreedores del propio trabajador.

Así, gozan de inembargabilidad absoluta el SMI neto o indemnización equivalente, y los instrumentos de trabajo «cuando su valor no guarde proporción con la cuantía de la deuda reclamada».

El artículo 27.2 del Estatuto de los Trabajadores precisa que la inembargabilidad se atribuye al SMI en su importe íntegro.

Gozan de inembargabilidad relativa las retribuciones que excedan del importe del SMI, entre el 30 % (para la cantidad que, excediendo del SMI, no pase del doble de su importe) y el 90 % (para la cantidad que exceda del importe de un quinto SMI).

Este régimen no regirá en caso de deudas legales alimenticias. Será el juez civil el que fije la cantidad objeto de retención o embargo, pudiendo ampliar los porcentajes.

3.3. El Fondo de Garantía Salarial

Regulado en el artículo 33 del Estatuto de los trabajadores, el FOGASA es un organismo que depende del Ministerio de Trabajo y que garantiza a los trabajadores la percepción de salarios, indemnizaciones por despido o extinción de la relación laboral, pendientes de pago por insolvencia o concurso de acreedores del empresario.

El Fondo se integra mediante las aportaciones que, en régimen de autofinanciación, efectúan los empresarios con trabajadores asalariados a su servicio, sin más exclusión que la de los empleados del hogar.

Tales aportaciones se realizan en forma de cotización, que se ingresa junto con las cuotas de la Seguridad Social, obteniéndose actualmente mediante la aplicación de un tipo (el 0,2 por 100) sobre los salarios que sirven de base para las contingencias de accidentes de trabajo, enfermedades profesionales y desempleo, esto es, sobre los salarios reales.

Este fondo se imputa a la atención de una serie de estados de necesidad generados por el incumplimiento del empresario. Así, según el artículo 33 del ET:

– Abona a los trabajadores los salarios pendientes de pago por causa de insolvencia o concurso, según el art. 33.6 «A los efectos de este artículo se entiende que existe insolvencia del empresario cuando, instada la ejecución en la forma establecida por la Ley de Procedimiento Laboral, no se consiga satisfacción de los créditos laborales. La resolución en que conste la declaración de insolvencia será dictada previa audiencia del Fondo de Garantía Salarial».

A estos efectos, el Estatuto entiende como salarios a «la cantidad reconocida como tal en acto de conciliación o en resolución judicial (...) así como la indemnización complementaria por salarios de tramitación que en su caso acuerde la jurisdicción competente, sin que pueda el Fondo abonar, por uno u otro concepto, conjunta o separadamente, un importe superior a la cantidad resultante de multiplicar el duplo del salario mínimo interprofesional diario por el número de días de salario pendiente de pago, con un máximo de ciento veinte días».

– Abona, «las indemnizaciones reconocidas como consecuencia de sentencia o resolución administrativa a favor de los trabajadores a causa de despido o extinción de los contratos conforme a los artículos 50, 51 y 52.c) de esta Ley, con el límite máximo de una anualidad, sin que el salario diario, base del cálculo, pueda exceder del duplo del salario mínimo interprofesional. El importe de la indemnización, a los solos efectos de abono por el Fondo de Garantía Salarial para los casos de despido o extinción de los contratos conforme al artículo 50 de esta Ley, se calculará sobre la base de veinticinco días por año de servicio, con el límite fijado en el párrafo anterior».

- Indemnizaciones por extinción del contrato de trabajo derivada de fuerza mayor cuando la correspondiente autorización administrativa acuerde de forma expresa la exoneración del empresario, sin que se exija en este caso la declaración de insolvencia o concurso del empresario. El importe de estas indemnizaciones se cifrará en 20 días de salario por año de servicio, con el límite de una anualidad (como máximo el duplo del SMI).

- El 40 % de las indemnizaciones correspondientes a despidos colectivos cuando la empresa tenga menos de 25 trabajadores, y sin necesidad de que los interesados insten la previa instrucción del expediente.

El procedimiento administrativo de planteamiento y resolución de peticiones al fondo se halla regulado en el Real Decreto 505/1985, de 6 de marzo, sobre organización y funcionamiento del Fondo de Garantía Salarial.

El procedimiento puede iniciarse:

- De oficio, por acuerdo de la Secretaría General o de la Unidad Administrativa periférica correspondiente.

- A instancia de los interesados o de sus representantes.

La solicitud debe realizarse en el modelo oficial y a ella debe acompañarse la siguiente documentación:

- Fotocopia del DNI.

- Certificado de Vida Laboral emitido por la Tesorería General de la Seguridad Social.

- En el caso de que se solicite el abono de salarios, el acta de acta de conciliación o sentencia del Juzgado de lo Social.

- En el caso de que se solicite el abono de una indemnización, la sentencia o resolución administrativa que autorice la extinción del contrato de trabajo. A esta última se debe acompañar el acta de conciliación o resolución judicial donde se cuantifiquen las indemnizaciones.

– Si la indemnización que se solicita deriva de la extinción del contrato de trabajo por causas objetivas, es necesario aportar la carta de despido y resolución judicial que cuantifique la indemnización.

– Documento que acredite la situación de insolvencia del empresario:

Para reclamar las prestaciones al FOGASA, los trabajadores disponen de un año contado a partir de la fecha en que se haya celebrado el acto de conciliación, se haya dictado sentencia, resolución de la autoridad laboral o resolución judicial complementaria. Este plazo se interrumpe por el ejercicio de las acciones ejecutivas o de reconocimiento de los créditos en los casos en los que el empresario se encuentre en quiebra, suspensión de pagos o concurso de acreedores.

El FOGASA puede denegar el abono de las prestaciones si la solicitud, por ejemplo, se presentó fuera de plazo, o las prestaciones que se solicitan no están cubiertas por este Organismo. También puede reconocer parcialmente el derecho del trabajador o en cantidades distintas a las solicitadas. En estos casos, el trabajador podrá interponer demanda contra esta resolución del Fondo de Garantía Salarial, en el plazo de un año desde su notificación.

TEMA 8

LOS PODERES DEL EMPRESARIO

1. Los poderes del empresario

Es momento ahora de conocer el estatuto jurídico del empresario, es decir de analizar la posición de débito y crédito del empresario en el contrato de trabajo, comenzando por estudiar aquellos poderes de los que es titular (poder de dirección, disciplinario y de control y vigilancia) y continuando con el examen de los principales deberes que debe cumplir respecto del trabajador como consecuencia de la relación contractual que les une (obligación de abonar el salario, deber de promoción y formación profesional y deber de seguridad y salud en el trabajo).

Como acreedor de trabajo, el empresario tiene derecho a que el trabajador cumpla la prestación laboral convenida. Es decir, a que preste el servicio u obra pactados, en las condiciones legalmente previstas de diligencia, buena fe y obediencia.

El empresario, por la propia naturaleza de la relación laboral, ostenta una serie de poderes destinados a la organización general de la empresa y a la ordenación de las prestaciones laborales (poder de dirección) y a la represión de las conductas laboralmente ilícitas del personal de la empresa (poder disciplinario).

El fundamento de estos poderes radica en la propia naturaleza y exigencias de la relación jurídica de trabajo y de la empresa, que requiere, para su funcionamiento, una organización del trabajo.

La atribución de estos poderes es consecuencia directa de la celebración del contrato e, indirectamente, efecto de la voluntad del legislador, que pone en manos del empresario la organización y disciplina del trabajo en la empresa.

1.1. El poder de dirección

Mediante el ejercicio de este poder, el empresario dispone del trabajo prestado por su cuenta, ordenando las prestaciones laborales y organizando el trabajo en la empresa.

El contenido de este poder es amplio y muy variado, pudiendo comprender tanto funciones ordenadoras como de control y vigilancia o de decisión sobre la organización de la empresa. Implica el derecho a dar órdenes e instrucciones sobre el cumplimiento de la prestación laboral con el fin de especificar los cometidos, funciones y actividades propias del trabajo.

Se referirá a la ordenación del trabajo tanto en su dimensión individual como colectiva, desde la ordenación de los puestos, el régimen de ingresos y ascensos, hasta la organización técnica del trabajo y la disciplina.

Particularmente, forma parte de este poder el llamado ius variandi que estudiaremos más adelante, y que significa la potestad del empresario para alterar, unilateralmente, los términos de la prestación laboral (modificaciones no sustanciales, puesto que las esenciales se regirán por un régimen propio que veremos más adelante).

La titularidad de este poder de dirección corresponde al empresario, que lo suele delegar en directores profesionales y mandos intermedios.

En el ejercicio de este poder, el empresario está sujeto a unos determinados límites, ya sean externos (leyes, convenios y contratos) o internos (ha de ser ejercido de forma regular y de buena fe).

1.2. El poder de control y vigilancia

La obligación de trabajar es una obligación de medios antes que de resultado. En este sentido, al empresario le asiste el derecho a vigilar y comprobar si el trabajo que se presta se ajusta a lo debido, conforme a las órdenes e instrucciones por él indicadas.

Los referentes legales para el ejercicio de este poder son los arts. 20.3 y 4, 18 y 64.1.4.º d) ET.

Los límites a los que se ha de ajustar el ejercicio de este poder de control y vigilancia son los derechos fundamentales y, entre ellos destaca sobre todo el derecho a la vida privada del trabajador (intimidad, secreto de las comunicaciones, libertad informática —art. 18 CE—).

No se trata de que el lugar de trabajo sea sitio para desarrollar la vida privada, sino que determinadas manifestaciones de la vida privada se producen en el lugar de trabajo, por lo que el trabajador merece el respeto a un mínimo ámbito de autonomía en el trabajo.

Al respecto de la utilización por parte del empresario de micrófonos y cámaras de vídeo como medio de controlar y vigilar a sus empleados, el Tribunal Constitucional indica que esta posibilidad sólo puede producirse en la medida en que sea estrictamente imprescindible bajo un criterio de proporcionalidad analizado bajo unos parámetros de necesidad, idoneidad y proporcionalidad en sentido estricto (STC 39/2016, de 3 de marzo —rec. núm. 7222-2013—). En este sentido:

- Principio de necesidad: implica que el medio de control utilizado ha de considerarse necesario para satisfacer los intereses empresariales asociados al control de las obligaciones contractuales, entendiendo que esta necesidad existe cuando no haya otro medio menos invasivo para los derechos de las personas trabajadoras.

- Principio de idoneidad: hace referencia a la exigencia de acreditar que el medio elegido sea efectivo para alcanzar la finalidad que justifica su uso.

– Juicio de proporcionalidad: exige que la herramienta de control utilizada sea ponderada y equilibrada de acuerdo con el fin perseguido con ella y el posible conflicto con otros derechos o intereses. Por tanto, los cánones de exigencia de esta proporcionalidad dependen del grado de invasión del instrumento utilizado en la esfera de los derechos de las personas trabajadoras en relación con la igualdad, dignidad o intimidad.

1.3. El poder disciplinario

A través del ejercicio del poder disciplinario, el empresario sanciona las faltas laborales de los trabajadores a su servicio, permitiéndole adoptar decisiones sancionadoras de eficacia inmediata, sin necesidad de acudir a las instancias judiciales para su imposición y efectividad.

El derecho del trabajo ha establecido un sistema disciplinario basado en la gradación de las faltas y sus correspondientes sanciones, prevista en el ET que, en su artículo 58 establece:

«1. Los trabajadores podrán ser sancionados por la dirección de las empresas en virtud de incumplimientos laborales, de acuerdo con la graduación de faltas y sanciones que se establezcan en las disposiciones legales o en el convenio colectivo que sea aplicable.

2. La valoración de las faltas y las correspondientes sanciones impuestas por la dirección de la empresa serán siempre revisables ante la jurisdicción competente. La sanción de las faltas graves y muy graves requerirá comunicación escrita al trabajador, haciendo constar la fecha y los hechos que la motivan.

3. No se podrán imponer sanciones que consistan en la reducción de la duración de las vacaciones u otra minoración de los derechos al descanso del trabajador o multa de haber».

El empresario debe informar de las sanciones por faltas graves y muy graves al comité de empresa y a los delegados sindicales, que habrán de ser oídos con carácter previo a la imposición de sanciones a trabajadores afiliados al sindicato correspondiente.

Este precepto prohíbe expresamente dos modalidades de sanción: la reducción del derecho al descanso (reducción de la duración de las vacaciones o de cualquier otro período de descanso diario o semanal) y el descuento en la retribución (la llamada «multa de haberes»). Subsiste, sin embargo, la medida disciplinaria consistente en la suspensión, simultáneamente, de empleo y sueldo (art. 45.1. ET).

En todo caso, las sanciones impuestas por la dirección de la empresa, cualquiera que fuese su grado, pueden ser impugnadas ante los Juzgados de lo Social (art. 58.2. ET).

2. El «ius variandi» y la modificación de las condiciones del contrato de trabajo

El artículo 41.1 del ET establece que la dirección de la empresa puede acordar modificaciones sustanciales de las condiciones de trabajo cuando existan probadas razones económicas, técnicas, organizativas o de producción. Se considerarán tales las que estén relacionadas con la competitividad, productividad u organización técnica o del trabajo en la empresa.

Estas modificaciones sustanciales de las condiciones de trabajo podrán afectar a las condiciones reconocidas a los trabajadores en el contrato de trabajo, en acuerdos o pactos colectivos. Algunos ejemplos significativos:

– Jornada de trabajo.

– Horario y distribución del tiempo de trabajo.

– Régimen de trabajo a turnos.

– Sistema de remuneración y cuantía salarial.

– Sistema de trabajo y rendimiento.

- Funciones, cuando excedan de los límites que para la movilidad funcional prevé el artículo 39 de esta Ley.

Estas modificaciones pueden ser tanto individuales como colectivas.

Sin perjuicio de los procedimientos específicos que puedan establecerse en la negociación colectiva, la decisión de modificación sustancial de condiciones de trabajo de carácter colectivo deberá ir precedida en las empresas en que existan representantes legales de los trabajadores de un período de consultas con los mismos de duración no superior a quince días, que versará sobre las causas motivadoras de la decisión empresarial y la posibilidad de evitar o reducir sus efectos, así como sobre las medidas necesarias para atenuar sus consecuencias para los trabajadores afectados.

La decisión sobre la modificación colectiva de las condiciones de trabajo será notificada por el empresario a los trabajadores una vez finalizado el periodo de consultas y surtirá efectos en el plazo de los siete días siguientes a su notificación.

La decisión de modificación sustancial de condiciones de trabajo de carácter individual deberá ser notificada por el empresario al trabajador afectado y a sus representantes legales con una antelación mínima de 15 días a la fecha de su efectividad.

Si el trabajador resultase perjudicado por la modificación sustancial (salvo en materia de sistema de trabajo y rendimiento) tendrá derecho a rescindir su contrato y percibir una indemnización de 20 días de salario por año de servicio prorrateándose por meses los períodos inferiores a un año y con un máximo de nueve meses.

Sin perjuicio de la ejecutividad de la modificación en el plazo de efectividad anteriormente citado, el trabajador que no habiendo optado por la rescisión de su contrato se muestre disconforme con la decisión empresarial podrá impugnarla ante la jurisdicción social.

El artículo 44.1 ET establece que el cambio de titularidad de la empresa no extingue por sí mismo los contratos de trabajo celebrados por el empresario cedente, que continúan vigentes con el nuevo empresario, que queda subrogado en los derechos y obligaciones laborales y de Seguridad Social del anterior.

2.1. Movilidad funcional

El artículo 22 del Estatuto de los trabajadores hace referencia al sistema de clasificación profesional, en los siguientes términos:

«1. Mediante la negociación colectiva o, en su defecto, acuerdo entre la empresa y los representantes de los trabajadores, se establecerá el sistema de clasificación profesional de los trabajadores por medio de grupos profesionales.

2. Se entenderá por grupo profesional el que agrupe unitariamente las aptitudes profesionales, titulaciones y contenido general de la prestación, y podrá incluir distintas tareas, funciones, especialidades profesionales o responsabilidades asignadas al trabajador (...)

4. Por acuerdo entre trabajador y empresario se asignará al trabajador un grupo profesional y se establecerá como contenido de la prestación laboral objeto del contrato de trabajo la realización de todas las funciones profesionales correspondientes al grupo profesional asignado o solamente de alguna de ellas. Cuando se acuerde la polivalencia funcional o la realización de funciones propias de más de un grupo, la equiparación se realizará en virtud de las funciones que se desempeñen durante mayor tiempo».

El artículo 39, por su parte, se ocupa de la movilidad funcional. De su contenido podemos deducir varios tipos de movilidad que, en todo caso, han de respetar la dignidad, formación y promoción de los trabajadores afectados y su derecho al salario correspondiente a la función superior desempeñada.

2.1.1. Movilidad dentro del grupo profesional: *Ius variandi* ordinario

Como regla general, el empresario tiene total libertad para ordenar, en ejercicio de su ius variandi ordinario, sin alegación de causa y sin límite temporal, cambios de funciones dentro de la empresa, siempre que se efectúe de acuerdo con:

– La titulación académica o profesional exigida para el desempeño del puesto.

– El respeto a la dignidad del trabajador.

2.1.2. Movilidad fuera del grupo profesional: *Ius variandi* extraordinario

El empresario podrá ordenar, en ejercicio de su ius variandi extraordinario, funciones tanto superiores como inferiores, no correspondientes al grupo equivalente siempre que:

– Existan razones técnicas u organizativas.

– Dure el tiempo imprescindible.

El empresario deberá comunicar su decisión y las razones de ésta a los representantes de los trabajadores.

El trabajador tendrá derecho a la retribución correspondiente a las funciones que efectivamente realice, salvo en los casos de encomienda de funciones inferiores, en los que mantendrá la retribución de origen.

En el caso de encomienda de funciones superiores a las del grupo profesional por un período superior a seis meses durante un año u ocho durante dos años, el trabajador podrá reclamar el ascenso.

2.2. Movilidad geográfica

2.2.1. Traslados

El traslado de trabajadores que no hayan sido contratados específicamente para prestar sus servicios en empresas con centros de trabajo móviles o itinerantes a un centro de trabajo distinto de la misma empresa que exija cambios de residencia requerirá la existencia de razones económicas, técnicas, organizativas o de producción que lo justifiquen.

Se consideran tales las que estén relacionadas con la competitividad, productividad u organización técnica o del trabajo en la empresa, así como las contrataciones referidas a la actividad empresarial.

La decisión de traslado debe ser notificada por el empresario al trabajador, así como a sus representantes legales, con una antelación mínima de treinta días a la fecha de su efectividad.

El trabajador que recibe la orden de traslado podrá optar entre:

- Aceptar el traslado, devengando el derecho a una compensación por gastos que comprenderá tanto los gastos propios como los de los familiares a su cargo, en los términos que se convengan entre las partes, que nunca será inferior a los límites mínimos establecidos en los convenios colectivos.

- Cumplir la orden de traslado, pero impugnándola (plazo de 20 días) ante la jurisdicción social, que declarará el traslado justificado.

- Rechazar el traslado, procediendo a extinguir el contrato con derecho a indemnización (20 días de salario por año de servicio, con un límite de 12 mensualidades).

El traslado colectivo es aquel que afecta bien a la plantilla íntegra de la empresa o centro de trabajo (siempre que afecte a más de cinco trabajadores), bien a un número considerable de trabajadores. Los traslados colectivos llevan aparejada obligatoriamente una fase previa de consultas con la representación de los trabajadores en un plazo no superior a quince días antes de decidir los traslados.

2.2.2. Desplazamientos temporales

Por razones económicas, técnicas, organizativas o de producción, o bien por contrataciones referidas a la actividad empresarial, la empresa podrá efectuar desplazamientos temporales de sus trabajadores que exijan que estos residan en población distinta de la de su domicilio habitual, abonando, además de los salarios, los gastos de viaje y las dietas.

El procedimiento es similar al del traslado individual, aunque simplificado. El empresario decide unilateralmente el desplazamiento, y el trabajador podrá optar por:

- Aceptar el desplazamiento, devengando los gastos o dietas que correspondan.

- Cumplir con las condiciones de la orden de traslado, pero impugnándola (plazo de 20 días) ante la jurisdicción social, que declarará el traslado justificado o injustificado (en este último supuesto, el trabajador será repuesto en su situación inicial).

- No se reconoce, en este caso, la opción de sustraerse al traslado mediante la extinción indemnizada de su contrato.

Si el desplazamiento tiene una duración superior a tres meses, el trabajador tendrá una serie de derechos:

- Derecho a que el desplazamiento sea preavisado al menos con un plazo de cinco días.

- Derecho a un permiso remunerado de cuatro días laborables en su domicilio de origen por cada tres meses de desplazamiento.

Los desplazamientos cuya duración en un período de tres años exceda de doce meses tendrán, a todos los efectos, el tratamiento previsto en esta Ley para los traslados.

TEMA 9

SUSPENSIÓN Y EXTINCIÓN DE LA RELACIÓN LABORAL

1. La suspensión del contrato de trabajo

Debido a la naturaleza de tracto sucesivo del contrato de trabajo (no se agota en un solo acto, sino que permanece en el tiempo), es posible que a lo largo del tiempo puedan producirse circunstancias que, sin poner en cuestión la pervivencia del contrato, hagan imposible el desempeño de la actividad laboral por un tiempo siendo, por tanto, imposible realizar el objeto del contrato de trabajo.

Suspender un contrato supone, por tanto, hacer cesar sus efectos esenciales y, en el caso del de trabajo, de acuerdo con el artículo 45.2 del ET «la suspensión exonera de las obligaciones recíprocas de trabajar y remunerar el trabajo». La suspensión, de esta forma, supone la cesación temporal de las prestaciones básicas de ambas partes.

Si bien, aunque estas prestaciones básicas cesan, perviven algunos deberes durante la suspensión del contrato, específicamente los relacionados con la buena fe.

Como regla general, la suspensión del contrato da derecho a la reserva de plaza.

1.1. Voluntad del trabajador

Voluntad individual

El trabajador puede voluntariamente suspender el contrato con reserva de puesto en los siguientes casos:

- Ejercicio de cargo público representativo o sindical. Obligación de reincorporación a la empresa dentro del mes siguiente al cese en el cargo [arts. 45.1.f) y 48.3. ET, artículo 9.1.a) de la Ley Orgánica de Libertad Sindical].

- Permiso de formación o perfeccionamiento profesional [art. 23.1.b) ET].

Voluntad colectiva

La huelga lícita es causa de suspensión del contrato de trabajo. [Artículo 45.1.l) del ET]

1.2. Voluntad del empresario

Suspensión disciplinaria

La suspensión de empleo y sueldo que, según regulan los convenios colectivos, suele sancionar faltas graves o muy graves. [Art. 45.1.h) del ET].

Cierre patronal

El art. 45.1.m) recoge como causa de suspensión del contrato el «cierre legal de la empresa» (el cierre ilegal sería un incumplimiento empresarial del que no podría derivarse la pérdida de salario para el trabajador.

1.3. Voluntad de ambas partes. Excedencias

Del mismo modo que los sujetos del contrato de trabajo pueden convenir su extinción, podrán pactar también su suspensión mediante una excedencia (artículo 46 del ET),

1.3.1. Excedencia forzosa

Es aquella cuya causa deriva de la designación o elección para un cargo público o para ejercer funciones sindicales de ámbito provincial o superior que resultan incompatibles con la asistencia al trabajo [arts. 45.1.k) y 46.1 ET].

Dará derecho a la conservación del puesto. Finalizada la situación que origina la excedencia el trabajador tiene derecho a reingresar automáticamente en su antiguo puesto de trabajo y en las mismas condiciones. Si bien, el reingreso deberá ser solicitado dentro del mes siguiente al cese en el cargo público. (Para sustituirlo se puede realizar un contrato de interinidad).

El tiempo de excedencia computa a efectos de antigüedad en la empresa.

1.3.2. Excedencias voluntarias

Existen diferentes tipos de excedencias voluntarias cuya diferencia es la causa que la origina, así como su régimen jurídico y garantías. Así:

A) Excedencias por razones de conciliación laboral y familiar

Cuidado de hijos y familiares (por naturaleza, adopción o acogimiento).

Duración: no superior a 3 años, a contar desde el nacimiento o, en su caso, desde la resolución judicial o administrativa.

Cuidado de familiares.

Cuidados del cónyuge o pareja de hecho, o de un familiar hasta el segundo grado de consanguinidad o afinidad, incluido el familiar consanguíneo de la pareja de hecho, que por razones de edad, accidente, enfermedad o discapacidad no pueda valerse por sí mismo, y no desempeñe actividad retribuida. Duración no superior a 2 años.

El período en que el trabajador permanezca en situación de excedencia será computable a efectos de antigüedad.

El Trabajador tendrá derecho a la asistencia a cursos de formación profesional, a cuya participación deberá ser convocado por el empresario, especialmente con ocasión de su reincorporación.

En ambos casos, durante el primer año tendrá derecho a la reserva de su puesto de trabajo. Transcurrido dicho plazo, la reserva quedará referida a un puesto de trabajo del mismo grupo profesional o categoría equivalente (salvo familia numerosa reconocida, que se extiende hasta 15 o 18 meses, dependiendo de si es familia numerosa de categoría general o especial, respectivamente.

B) Común

Se trata de una excedencia de carácter acausal. Es decir, el trabajador no tiene que alegar causa alguna para la solicitud de la suspensión del contrato de trabajo. No obstante, y de acuerdo con esta menor exigencia, las garantías asociadas también se reducen.

Así, la primera limitación con la que cuenta es la exigencia de una antigüedad mínima en la empresa de un año. Además, la duración de esta suspensión tiene que ser de entre cuatro meses a 5 años. El trabajador elige el tiempo, pudiendo pedir inicialmente una duración y posteriormente pedir prórrogas, hasta el límite máximo de tiempo de los 5 años señalado.

Este derecho sólo podrá ser ejercitado otra vez por el mismo trabajador si han transcurrido cuatro años desde el final de la anterior excedencia.

En caso de que el empresario se negara, el trabajador no podría rescindir el contrato sin más, sino que tendría que acudir a la vía judicial para que tan derecho le sea reconocido. De lo contrario el cese de la actividad en lugar de ser considerado una suspensión del contrato sería considerado un abandono del puesto de trabajo, que permite la extinción de la relación laboral por causas imputables al trabajador.

No da derecho a reincorporación automática. Sólo hay una expectativa de derecho, es decir, el trabajador sólo tiene un derecho preferente al reintegro en las vacantes de igual o similar categoría que hubiera o se produjeran en la empresa, pero no la reserva a su puesto de trabajo anterior, estando el empresario obligado a comunicar al trabajador toda la información relativa a las vacantes que vayan surgiendo en la empresa.

No cómputo de antigüedad.

1.4. Expedientes de Regulación de Empleo Temporal

Tanto los casos de fuerza mayor como la aparición de causas económicas, técnicas, organizativas o de producción [arts. 41.1.i) y 41.1.j) del ET] pueden determinar la suspensión de las relaciones de trabajo afectadas, así como la reducción de jornada entre un 10 y un 70 %, cualquiera que sea el número de trabajadores de la empresa.

El artículo 47 del ET exige la tramitación de expedientes de regulación de empleo para las suspensiones y reducciones de jornada por causas económicas, técnicas, organizativas o de producción, o derivadas de fuerza mayor, cualquiera que sea el número de trabajadores afectados, de acuerdo con el RD 1483/2012 (reformado por ley 1/2014 de 28 de febrero).

Se entenderá por reducción de jornada la disminución temporal de entre un 10 y un 70 % de la jornada de trabajo, computada sobre la base de una jornada diaria, semanal, mensual o anual.

El artículo 47, define las causas a estos efectos:

«Se entiende que concurren causas económicas cuando de los resultados de la empresa se desprenda una situación económica negativa, en casos tales como la existencia de pérdidas actuales o previstas, o la disminución persistente de su nivel de ingresos ordinarios o ventas. En todo caso, se entenderá que la disminución es persistente si durante dos trimestres consecutivos el nivel de ingresos ordinarios o ventas de cada trimestre es inferior al registrado en el mismo trimestre del año anterior.

Se entiende que concurren causas técnicas cuando se produzcan cambios, entre otros, en el ámbito de los medios o instrumentos de producción; causas organizativas cuando se produzcan cambios, entre otros, en el ámbito de los sistemas y métodos de trabajo del personal o en el modo de organizar la producción y causas productivas cuando se produzcan cambios, entre otros, en la demanda de los productos o servicios que la empresa pretende colocar en el mercado».

El procedimiento de suspensión del contrato por fuerza mayor se rige por lo dispuesto respecto de los despidos colectivos por ese mismo motivo en el artículo 51.7. del ET al que remite el 47, y que requiere que tal fuerza mayor sea constatada por la autoridad laboral, con independencia del número de trabajadores afectados, y prescindiendo del periodo de consultas.

La disposición adicional cuarta del RD ley 16/2014 de 19 de noviembre por el que se regula el programa de activación para el empleo, recoge la posibilidad de exoneración de cuotas para favorecer el mantenimiento del empleo (exoneración de un período de hasta 12 meses, que podrá ser ampliado por otros 12 meses si así los autoriza la TGSS), de manera que, aquellas empresas que, previa resolución de la autoridad laboral, acuerden la suspensión de contratos por fuerza mayor, podrán solicitar a la TGSS una exoneración de hasta el 100 % del pago de la aportación empresarial a Seguridad Social en los casos en que concurran las circunstancias expresamente reguladas por ley, relacionadas con casos de fuerza mayor, y siempre que el empresario asuma una serie de obligaciones como:

- Compromiso de realizar, mientras dure la exoneración, la reinversión necesaria para el restablecimiento de las actividades afectadas por la causa de fuerza mayor.

– Compromiso de mantener en el empleo, durante el año posterior a la finalización de la suspensión o reducción, al 100 por cien de los trabajadores afectados por la suspensión de contrato o la reducción de jornada, excluidos los trabajadores recolocados en otros centros de trabajo.

La suspensión en el caso de concurso de acreedores se rige por el artículo 64 de la Ley Concursal.

1.4.1. Mecanismo RED de Flexibilidad y Estabilización del Empleo

La nueva redacción del art. 47 tras la reforma laboral incluye un nuevo apartado, el art. 47 bis, que regula un nuevo mecanismo para la flexibilidad y estabilización del empleo.

Se trata de un mecanismo que, una vez activado por el Consejo de Ministros, permitirá a las empresas la solicitud de medidas de reducción de jornada y suspensión de contratos de trabajo.

A) Modalidades

– Cíclica, cuando se aprecie una coyuntura macroeconómica general que aconseje la adopción de instrumentos adicionales de estabilización, con una duración máxima de un año.

– Sectorial, cuando en un determinado sector o sectores de actividad se aprecien cambios permanentes que generen necesidades de recualificación y de procesos de transición profesional de las personas trabajadoras, con una duración máxima inicial de un año y la posibilidad de dos prórrogas de seis meses cada una.

B) Procedimiento

Una vez activado el Mecanismo, las empresas podrán solicitar voluntariamente a la autoridad laboral la reducción de la jornada o la suspensión de los contratos de trabajo, mientras esté activado el Mecanismo, en cualquiera de sus centros de trabajo y en los términos previstos en este artículo.

El procedimiento se iniciará mediante solicitud por parte de la empresa dirigida a la autoridad laboral competente y comunicación simultánea a la representación de las personas trabajadoras.

En el caso de la modalidad sectorial, además, la solicitud deberá ir acompañada de un plan de recualificación de las personas afectadas.

La autoridad laboral deberá remitir el contenido de la solicitud empresarial a la Inspección de Trabajo y Seguridad Social y recabar informe preceptivo de esta sobre la concurrencia de los requisitos correspondientes. Este informe será evacuado en el improrrogable plazo de siete días desde la notificación de inicio por parte de la empresa a la autoridad laboral.

La autoridad laboral procederá a dictar resolución en el plazo de siete días naturales a partir de la comunicación de la conclusión del periodo de consultas. Si transcurrido dicho plazo no hubiera recaído pronunciamiento expreso, se entenderá autorizada la medida, siempre dentro de los límites legal y reglamentariamente establecidos.

Las personas trabajadoras cubiertas por un Mecanismo RED se beneficiarán de las medidas en materia de protección social previstas en la disposición adicional cuadragésima primera del texto refundido de la Ley General de la Seguridad Social, y tendrán la consideración de colectivo prioritario para el acceso a las iniciativas de formación del sistema de formación profesional para el empleo en el ámbito laboral.

La Inspección de Trabajo y Seguridad Social y el Servicio Público de Empleo Estatal colaborarán para el desarrollo de actuaciones efectivas de control de la aplicación del Mecanismo, mediante la programación de actuaciones periódicas y de ejecución continuada.

1.5. Privación de libertad del trabajador

Mientras no exista sentencia condenatoria, dicha privación de libertad tiene puros efectos suspensivos y no extintivos. En consecuencia, el trabajador preventivamente detenido, si es finalmente absuelto o el procedimiento es sobreseído, tendrá derecho a reincorporarse a su puesto de trabajo.

1.6. Prestaciones de seguridad social

Suspenden también la actividad laboral las situaciones de enfermedad o accidente que dan lugar a la incapacidad temporal del trabajador [art. 45.1.c) del ET].

Dado de alta el trabajador al cesar la situación de incapacidad temporal, tendrá derecho a reincorporarse a su puesto de trabajo, que le habrá sido reservado. La falta de incorporación tras el alta médica supone la extinción del contrato.

Igualmente, en las situaciones de disfrute de la prestación de nacimiento de hijo y cuidado de menor, cuya duración máxima es de 16 semanas, siendo obligatorias las 6 semanas siguientes al nacimiento.

Del mismo modo, ante el disfrute de la prestación de riesgo durante el embarazo y lactancia natural. En estas situaciones, la trabajadora tiene derecho a la suspensión de su contrato hasta el momento en que inicie el disfrute del descanso por maternidad o hasta que el lactante cumpla nueve meses, según los casos, o antes si es que desaparece el riesgo laboral (art. 48.4 ET) Procede la suspensión cuando, existiendo riesgo para el embarazo o lactancia natural, la empresa no puede ofrecer un puesto alternativo.

2. La extinción del contrato de trabajo

Es la terminación del vínculo que liga a las partes con la consiguiente cesación definitiva de sus obligaciones, sin posibilidades de reanudación de la relación salvo que se firme un nuevo contrato.

2.1. Voluntad del trabajador

Se recoge expresamente en el Estatuto de los Trabajadores, donde se regulan dos tipos de resolución por decisión del trabajador, la dimisión preavisada del artículo 49.1.d) y la extinción fundamentada en un incumplimiento contractual del empresario, recogida en el artículo 49.1.j).

2.1.1. Extinción causal

El artículo 50.1 del Estatuto recoge ejemplos de lo que son causas justas que pueden fundamentar la extinción del contrato, y que derivan de un incumplimiento contractual del empresario. Así, el primer ejemplo se refiere a las modificaciones sustanciales de las condiciones de trabajo fuera de las causas que legalmente lo permiten (razones económicas, técnicas, organizativas o de producción), o que menoscaben la dignidad del trabajador. El segundo ejemplo alude a la falta o mora persistente (retrasos continuados) en el pago del salario.

No obstante, como principio general, el trabajador puede extinguir el contrato por cualquier incumplimiento grave de sus obligaciones por parte del empresario, que no sea debido a fuerza mayor [artículo 50.1.c) del Estatuto de los trabajadores].

Al trabajador corresponde «solicitar la extinción del contrato», mediante la oportuna demanda ante el juez laboral, al que solicitará la declaración de constatación de incumplimiento del empresario y resolución del contrato de trabajo y derecho a indemnización por fin de contrato (tendrá derecho a las indemnizaciones señaladas para el despido improcedente (artículo 50 del ET). Cabe también que el trabajador opte por pedir al juez la restauración de la situación perturbada, más la indemnización por daños.

2.1.2. Extinción «ad nutum»

El trabajador puede extinguir voluntariamente la relación laboral de duración indefinida sin necesidad de causa justa (la llamada extinción ad nutum).

Para ello, ha de cumplir la obligación de preavisar dentro del plazo establecido «en los convenios colectivos o la costumbre del lugar» (diez, veinte o treinta días).

La dimisión con preaviso en el contrato de duración indefinida exime al trabajador de toda responsabilidad indemnizatoria. El incumplimiento del plazo dará lugar a la obligación de indemnizar por parte del trabajador por los perjuicios que cause, entendiéndose tal dimisión como un abandono del trabajador.

Cuando este plazo de preaviso no se cumple cabe entonces hacer mención del abandono del trabajador, que es un acto voluntario y unilateral del trabajador constitutivo de incumplimiento, a través del cual se extingue el contrato de trabajo.

Este incumplimiento viene determinado por algunos elementos:

– La extinción antes de tiempo y sin causa justificada de un contrato de duración determinada.

– La extinción sin causa del contrato de duración indefinida, sin observancia del plazo de preaviso (no preavisando o no respetando el plazo).

Deben concurrir, además, estos requisitos:

– Cesación en el trabajo.

– Intención de extinguir el contrato.

No se trata de una desatención transitoria del trabajo, como ocurre en los casos de abandono de puesto o destino, ha de existir una intención de extinguir el contrato.

El trabajador que incumple el contrato de trabajo de esta manera ha de responder de los daños y perjuicios ocasionados al empresario.

2.1.3. Extinción del contrato de trabajo por cumplimiento

La primera forma de extinción de las obligaciones que prevé el Código civil es su cumplimiento (art. 1156). Ello supone la realización del fin económico-social querido por las partes y tutelado por el derecho: la causa del contrato.

A) Expiración del tiempo y conclusión del trabajo convenido

El mero transcurso del término previsto directa o indirectamente no provoca automáticamente la extinción del contrato: es necesaria la denuncia por cualquiera de las partes, declaración mediante la cual se procede a confirmar el propósito de que la llegada del término previsto o la realización de la obra o servicio extinga el contrato.

Si llegados al término no hubiera denuncia por cualquiera de las partes, el contrato se considera prorrogado tácitamente por tiempo indefinido, salvo prueba en contrario que acredite la naturaleza temporal de la prestación, y sin perjuicio de posibles prórrogas parciales, hasta el límite máximo de duración establecido.

La denuncia habrá de producirse con una antelación mínima de 15 días siempre que la duración del contrato denunciado sea superior a un año. Si no excede de un año, sigue siendo precisa la denuncia, aunque sin plazo de antelación alguno.

La denuncia formulada fuera de tiempo da lugar a una responsabilidad indemnizatoria de importe equivalente a tantos días de salario como días de preaviso omitidos.

A la finalización del contrato, excepto en los contratos formativos y el contrato de duración determinada por causa de sustitución, el trabajador tendrá derecho a recibir una indemnización de cuantía equivalente a la parte proporcional de la cantidad que resultaría de abonar doce días de salario por cada año de servicio, o la establecida, en su caso, en la normativa específica que sea de aplicación.

B) Cumplimiento de condición resolutoria

El artículo 49.1.b) considera causas de extinción de la relación de trabajo «las consignadas válidamente en el contrato». Esta regla es válida para casos de cumplimiento de condiciones resolutorias válidamente pactadas. Dicha condición ha de mencionarse expresamente en el contrato y ha de ser posible y lícita, esto es, ajustada a las leyes y a las buenas costumbres.

Será nulo el pacto que haga depender la extinción del contrato de la exclusiva voluntad del empresario, así como el que implique renuncia de derechos.

Se exige también, para estos casos, la denuncia expresa.

2.2. Voluntad del empresario. El despido

El despido es el acto unilateral por el cual el empresario procede a la extinción de la relación jurídica de trabajo.

Tener en cuenta que el empresario no tiene reconocido el poder de extinguir la relación laboral de forma unilateral y sin causa alguna. Así, tan sólo puede extinguir válida y procedentemente el contrato basándose en alguna de las causas que legalmente y que a su vez constituyen diferentes modalidades de despido: disciplinario, objetivo y colectivo.

2.2.1. Despido disciplinario

Es aquel que tiene su causa en un incumplimiento previo del trabajador basado en una conducta expresamente prevista como constitutiva de infracción y de la que es susceptible una sanción.

Así, para que el incumplimiento previo del trabajador pueda causar despido disciplinario, dicho incumplimiento ha de ser: Contractual, grave, y culpable (sea por dolo, sea por negligencia) y ha de estar basado en alguna de las causas relacionadas en la ley.

En concreto, el régimen jurídico de estos despidos se encuentra en el artículo 54 del Estatuto de los Trabajadores, que recoge los siguientes grupos de causas de despido disciplinario:

A) Relativas a la prestación laboral

– Disminución continuada y voluntaria del rendimiento normal o pactado del trabajo (art. 54.2. e). Se trata de una violación del deber de diligencia del trabajador intencionada y prolongada en el tiempo. Se considerará rendimiento normal el fijado en los convenios colectivos, contratos de trabajo o, en su defecto, el observado consuetudinariamente.

– Faltas repetidas e injustificadas de asistencia o puntualidad al trabajo (art. 54.2.a). Para que la impuntualidad o la inasistencia del trabajador sean constitutivas de causa de despido es precisa su reiteración, que ha de ser valorada por el juez.

B) Relativas al deber de disciplina del trabajador

– Indisciplina o desobediencia en el trabajo (art. 54.2.b). Las faltas graves de disciplina y los actos de desobediencia grave frente a las normas laborales y a las órdenes del empresario son causa justa de despido.

Es preciso, para ello, que la orden sea legítima y regular y que la negativa del trabajador a obedecer sea clara, firme y terminante.

– Ofensas verbales o físicas al empresario, trabajadores o familiares que convivan con ellos (art. 54.2.c). Estas ofensas pueden consistir en injurias, calumnias, amenazas y coacciones o en acoso psicológico.

En este sentido, el trabajador es responsable no sólo de las ofensas cometidas por él mismo, sino también de las que llevan a cabo sus familiares y acompañantes en la empresa, y ante las que adopta una actitud pasiva o de tácita aquiescencia.

El trabajador quedará eximido de responsabilidad si la agresión es consecuencia de una provocación que tenga suficiente entidad como para justificar o, al menos, atenuar la responsabilidad.

La responsabilidad laboral por este tipo de acciones es compatible, obviamente, con las responsabilidades penales que pudieran derivarse.

- Acoso al empresario o a compañeros de trabajo por motivos de origen racial o étnico, religión o convicciones, discapacidad, edad u orientación sexual y acoso sexual o por razón de sexo (art. 54.2.g).
- Embriaguez habitual o toxicomanía (art. 54.2.f). Serán causa de despido siempre que repercutan negativamente en el trabajo.

C) Relativas al deber de buena fe del trabajador

Transgresión de la buena fe contractual y abuso de confianza en el desempeño del trabajo (art. 54.2.d). Así, actuaciones delictivas que producen un perjuicio económico a la empresa, con independencia de su cuantía, y cualesquiera otras conductas contrarias al deber de buena fe (por ejemplo, la realización de trabajos por cuenta propia o ajena estando en periodo de baja por enfermedad),

Se exige, en todo caso, para que pueda apreciarse esta causa de despido, que el incumplimiento sea culpable, (sea de un modo consciente y doloso, sea por imprudencia grave).

Debe considerarse transgresión de la buena fe contractual y, por tanto, causa de despido, la concurrencia desleal prevista en el artículo 21.1 del Estatuto de los Trabajadores, incluso si no se produce daño alguno a la empresa.

2.2.2. Despido objetivo

La causa del despido por causas o despido objetivos no es un incumplimiento previo del trabajador, sino una serie de causas, objetivas —de las que ninguna parte, trabajador o empresa, es culpable—, tasadas del artículo 52 del Estatuto de los Trabajadores.

A) Relativas a la capacidad del trabajador

- Ineptitud del trabajador (art. 52.a). Será causa de despido ya sea sobrevenida como, siendo anterior a la incorporación del trabajador en la empresa, haya sido conocida con posterioridad.

– Falta de adaptación del trabajador a las modificaciones técnicas introducidas en su puesto de trabajo (art. 52.b). Procederá esta causa siempre que los cambios técnicos sean razonables y siempre que la inadaptación a los mismos persista después de transcurridos dos meses como mínimo desde el momento de la modificación tecnológica.

Previamente el empresario deberá ofrecer al trabajador un curso dirigido a facilitar la adaptación a las modificaciones operadas. Durante la formación, el contrato de trabajo quedará en suspenso y el empresario abonará al trabajador el salario medio que viniera percibiendo. La extinción no podrá ser acordada por el empresario hasta que hayan transcurrido, como mínimo, dos meses desde que se introdujo la modificación o desde que finalizó la formación dirigida a la adaptación

B) Causas derivadas de necesidades de funcionamiento de la empresa

Necesidad de amortizar o suprimir, por razones económicas, técnicas, organizativas o de producción, un puesto o una pluralidad de puestos de trabajo cuyo número no alcance, dentro de un periodo de 90 días, los umbrales del despido colectivo (del artículo 51.1 del ET).

– Se entiende que concurren causas económicas cuando de los resultados de la empresa se desprenda una situación económica negativa, en casos tales como la existencia de pérdidas actuales o previstas, o la disminución persistente de su nivel de ingresos o ventas. En todo caso, se entenderá que la disminución es persistente si se produce durante tres trimestres consecutivos.

– Se entiende que concurren causas técnicas cuando se produzcan cambios, entre otros, en el ámbito de los medios o instrumentos de producción.

– Causas organizativas cuando se produzcan cambios, entre otros, en el ámbito de los sistemas y métodos de trabajo del personal y en el modo de organizar la producción.

- Causas productivas cuando se produzcan cambios, entre otros, en la demanda de los productos o servicios que la empresa pretende colocar en el mercado.

2.2.3. Despido colectivo

Está fundado en causas económicas, técnicas, organizativas o de producción.

En concreto, se está ante despido colectivo cuando, en un período de noventa días, los despidos afectan, al menos, a (art. 51.1 ET):

- 10 trabajadores, en las empresas que ocupen a menos de 100 trabajadores.
- El 10 % de los trabajadores de la empresa, en aquellas que ocupen entre 100 y 300 trabajadores
- 30 trabajadores en las empresas que ocupen más de 300 trabajadores.

La totalidad de la plantilla de la empresa, siempre que ésta esté formada por más de cinco trabajadores cuando aquél se produzca como consecuencia de la cesación total de su actividad empresarial.

Se entiende que concurren causas económicas cuando de los resultados de la empresa se desprenda una situación económica negativa, en casos tales como la existencia de pérdidas actuales o previstas, o la disminución persistente de su nivel de ingresos ordinarios o ventas. En todo caso, se entenderá que la disminución es persistente si durante tres trimestres consecutivos el nivel de ingresos ordinarios o ventas de cada trimestre es inferior al registrado en el mismo trimestre del año anterior.

Se entiende que concurren causas técnicas cuando se produzcan cambios, entre otros, en el ámbito de los medios o instrumentos de producción; causas organizativas cuando se produzcan cambios, entre otros, en el ámbito de los sistemas y métodos de trabajo del personal o en el modo de organizar la producción y causas productivas cuando se produzcan cambios, entre otros, en la demanda de los productos o servicios que la empresa pretende colocar en el mercado.

El despido colectivo deberá ir precedido de un periodo de consultas con los representantes legales de los trabajadores de una duración no superior a treinta días naturales, o de quince en el caso de empresas de menos de cincuenta trabajadores, que deberá versar, como mínimo, sobre las posibilidades de evitar o reducir los despidos colectivos y de atenuar sus consecuencias mediante el empleo de medidas sociales de acompañamiento, tales como medidas de recolocación o acciones de formación o reciclaje profesional para la mejora de la empleabilidad.

La decisión empresarial podrá impugnarse a través de las acciones previstas para este despido. La interposición de la demanda por los representantes de los trabajadores paralizará la tramitación de las acciones individuales iniciadas, hasta la resolución de aquella.

2.2.4. Forma del despido

Con independencia de la causa del despido y, en consecuencia, su modalidad, existen unos requisitos formales que el empresario está obligado a cumplir. Así, el empresario está obligado a realizar la comunicación del despido de forma escrita, a través de la llamada carta de despido.

Este documento ha de contener los hechos que motivan el despido y la fecha en la que tendrá efecto (artículo 55.1 ET). Si emitida la declaración formal del despido, la relación laboral prosigue su existencia después de transcurrir la fecha prevista para la resolución del contrato, ha de entenderse que el empresario ha condonado el incumplimiento motivador del despido y el contrato sigue surtiendo sus efectos.

Asimismo, en lo que respecta al despido objetivo, su comunicación ha de ir acompañada de la entrega efectiva o la puesta a disposición de una indemnización, con la única salvedad del despido motivado por causa económica, en cuyo caso, el empresario estará dispensado de la puesta a disposición, sin perjuicio de su posterior obligación de pago [art. 53.1.b) ET].

La comunicación ha de preavisar la fecha de extinción del contrato con una antelación dada: El preaviso será de 15 días desde la comunicación. Cuando las causas sean económicas, organizativas, técnicas o de producción, se enviará copia del preaviso a la representación de los trabajadores.

Durante el período de preaviso, el trabajador, o su representante legal si se trata de un discapacitado que lo tuviera, tendrá derecho, sin pérdida de su retribución, a una licencia de seis horas semanales con el fin de buscar nuevo empleo.

Téngase también en cuenta que, la inobservancia o irregularidad de cualquiera de las anteriores formalidades, tanto en el despido disciplinario como en el objetivo, ocasiona la improcedencia del despido (art. 55.4. ET).

En lo que respecta al trabajador, podrá impugnar la decisión empresarial a través de las acciones previstas para este despido, en un plazo de 20 días hábiles. La interposición de la demanda por los representantes de los trabajadores paralizará la tramitación de las acciones individuales iniciadas, hasta la resolución de aquella.

2.2.5. Declaración del despido

Como se ha dicho, una vez realizado el despido (en cualquier modalidad), el trabajador tiene derecho a interponer una demanda ante el orden jurisdiccional laboral, en un plazo de 20 días hábiles, para que se juzgue la procedencia, improcedencia o nulidad de la decisión empresarial. Así, el despido será calificado como: procedente, improcedente o nulo, cuyos efectos jurídicos difieren en uno y otro caso.

A) Despido procedente

Se declarará como procedente el despido cuando quede acreditado que existe causa justa para el despido, ya sea un incumplimiento del trabajador, en el caso del despido disciplinario, o una causa objetiva, en el caso del despido objetivo (art. 55.4 ET).

Al declararse procedente un despido, éste mantiene sus efectos extintivos. No obstante, al margen de los efectos extintivos de la relación laboral, se producen otros efectos jurídicos que, en este caso, difieren según la calificación jurídica del despido. De este modo:

- Despido disciplinario procedente: sin derecho por parte del trabajador ni a indemnización ni salarios de tramitación.

- Despido objetivo: derecho del trabajador a ser indemnizado con 20 días de salario por año de servicio, con un máximo de 12 mensualidades.

B) Despido improcedente

El artículo 55.4 del ET contempla dos modalidades de despido improcedente:

- Cuestión de fondo: El juez laboral ha de estimar la improcedencia del despido cuando no se acredite la existencia de la causa alegada por el empresario (el incumplimiento del trabajador alegado por el empresario o cuando, existiendo el incumplimiento, no quede probada la gravedad y culpabilidad que justifican el despido, en cuyo caso el juez puede autorizar una sanción menor; o la causa objetiva).

- El incumplimiento por parte del empresario de los requisitos formales (notificación escrita, con consignación de los hechos que motivan el despido y fecha en que tendrá efecto) determina la improcedencia del despido.

Como consecuencia de la declaración judicial de improcedencia de un despido, el empresario está condenado a elegir (en el plazo de 5 días) entre readmitir al trabajador, abonándole los salarios de tramitación (equivaldrán a una cantidad igual a la suma de los salarios dejados de percibir desde la fecha de despido hasta la notificación de la sentencia que declarase la improcedencia o hasta que hubiera encontrado otro empleo, si tal colocación fuera anterior a dicha sentencia y se probase por el empresario lo percibido, para su descuento de los salarios de tramitación), o a indemnizarle con 33 días de salario por año de servicios, hasta un máximo de 24 mensualidades.

El Real Decreto-Ley 3/2012 estableció una regla transitoria, según la cual, la indemnización por despido improcedente de los contratos formalizados con anterioridad a su entrada en vigor se calculará a razón de 45 días de salario por año de servicio por el tiempo de prestación de servicios anterior a dicha fecha de entrada en vigor y a razón de 33 días de salario por año de servicio por el tiempo de prestación de servicios posterior.

El importe indemnizatorio resultante no podrá ser superior a 720 días de salario, salvo que del cálculo de la indemnización por el periodo anterior a la entrada en vigor del real decreto-ley resultase un número de días superior, en cuyo caso se aplicará éste como importe indemnizatorio máximo, sin que dicho importe pueda ser superior a 42 mensualidades, en ningún caso.

Si el despedido fuera un representante legal de los trabajadores o un delegado sindical, la opción corresponderá siempre a éste. De no efectuar la opción, se entenderá que lo hace por la readmisión. Cuando la opción, expresa o presunta, sea en favor de la readmisión, ésta será obligada. Tanto si opta por la indemnización como si lo hace por la readmisión, tendrá derecho a los salarios de tramitación.

C) Despido nulo

El artículo 55.5 del ET y el 108.2 de la LPL consideran despido nulo:

- Al que se funda en un móvil discriminatorio.

- Al que se produzca con violación de derechos fundamentales y libertades públicas del trabajador.

Será también nula la decisión extintiva en los siguientes supuestos:

- El de los trabajadores durante el período de suspensión del contrato de trabajo por maternidad, riesgo durante el embarazo, riesgo durante la lactancia natural, enfermedades causadas por embarazo, parto o lactancia natural, adopción o acogimiento o paternidad, o el notificado en una fecha tal que el plazo de preaviso concedido finalice dentro de dicho período.

- El de las trabajadoras embarazadas, desde la fecha de inicio del embarazo hasta el comienzo del periodo de suspensión a que se refiere la letra a); el de las personas trabajadoras que hayan solicitado uno de los permisos a los que se refieren los artículos 37.4, 5 y 6, o estén disfrutando de ellos, o hayan solicitado o estén disfrutando la excedencia prevista en el artículo 46.3; y el de las trabajadoras víctimas de violencia de género por el ejercicio de su derecho a la tutela judicial efectiva o de los derechos reconocidos en esta ley para hacer efectiva su protección o su derecho a la asistencia social integral.

- El de las personas trabajadoras después de haberse reintegrado al trabajo al finalizar los períodos de suspensión del contrato por nacimiento, adopción, guarda con fines de adopción o acogimiento, a que se refiere el artículo 45.1.d), siempre que no hubieran transcurrido más de doce meses desde la fecha del nacimiento, la adopción, la guarda con fines de adopción o el acogimiento

Consecuencia de la declaración de un despido como nulo es la condena judicial a la inmediata readmisión del trabajador, con abono de los salarios dejados de percibir.